智能制造背景下供应商管理研究

◎石莉 著

清华大学出版社
北京

内 容 简 介

随着智能制造成为中国制造强国方略的主攻方向，智能制造背景下的供应商管理问题引起业界、学界的广泛关注。本书基于供应商复杂网络和分类管理等视角，针对企业智能转型升级中面临的供应商管理痛点和难点，从供应商效率评价、供应商风险评价、供应商激励和供应商收益分配几个维度系统地开展论述。本书内容力求原创，突出理论模型与案例研究相结合，在一定程度上体现了理论创新和实践意义，可作为企业智能制造供应商管理实践中的参考资料，也可以作为高校智能制造、供应商管理相关专业学生的辅修参考书。

本书封面贴有清华大学出版社防伪标签，无标签者不得销售。
版权所有，侵权必究。举报：010-62782989，beiqinquan@tup.tsinghua.edu.cn。

图书在版编目(CIP)数据

智能制造背景下供应商管理研究/石莉著．—北京：清华大学出版社，2023.11
ISBN 978-7-302-63700-4

Ⅰ．①智… Ⅱ．①石… Ⅲ．①制造工业－工业企业管理－供销管理－研究－中国 Ⅳ．①F426.4

中国国家版本馆 CIP 数据核字(2023)第 102183 号

责任编辑：陈凯仁
封面设计：刘艳芝
责任校对：薄军霞
责任印制：曹婉颖

出版发行：清华大学出版社
    网　　址：https://www.tup.com.cn，https://www.wqxuetang.com
    地　　址：北京清华大学学研大厦 A 座　　邮　编：100084
    社 总 机：010-83470000　　邮　购：010-62786544
    投稿与读者服务：010-62776969，c-service@tup.tsinghua.edu.cn
    质量反馈：010-62772015，zhiliang@tup.tsinghua.edu.cn
印　装　者：北京嘉实印刷有限公司
经　　销：全国新华书店
开　　本：170mm×240mm　　印　张：9　　插　页：2　　字　数：185 千字
版　　次：2023 年 12 月第 1 版　　印　次：2023 年 12 月第 1 次印刷
定　　价：59.00 元

产品编号：098492-01

前言

制造业是实体经济的主体，是体现国家竞争实力的关键。近年来各发达国家纷纷将自身传统制造业向智能制造业靠拢，陆续提出了利用信息技术发展传统制造业的国家级战略和规划，其中以美国与德国为首的智能制造企业发展最为迅猛。我国也将智能制造作为产业转型推动力，逐渐开始推行和发展智能制造，并制定"中国制造2025"等一系列发展战略，以实现制造强国目标。在国家战略和市场环境引导下，很多企业开始加大智能制造建设力度，推动企业智能制造转型升级。智能制造是将人工智能技术融合并贯穿于制造全过程，使其具备智能化行为，加快产业变革。智能制造不仅为企业带来大量的益处，还促进企业多维度融合发展，实现制造企业转型升级。

智能制造企业供应商作为协同推动智能制造发展的关键力量发挥重要作用。随着智能制造的快速发展，一些大型制造企业跟供应商之间由以前单纯"买卖关系"转变为"合作伙伴关系"，智能制造企业对供应商的要求越来越高。但是，不同供应商的绩效表现和战略潜力存在差别，给核心企业带来的价值影响也有所不同，为了提高核心企业供应商效率，助力制造企业智能化转型，有必要针对供应商管理问题开展研究。

近年来，在国家自然科学基金等项目的资助下，作者及其团队在智能制造供应商管理方面做了一些研究工作，本书将研究工作取得的成果进行归纳和总结，推动智能制造供应商高质量发展的同时，为转型升级中的智能制造业界和学术界提供理论指导和实践借鉴。本书从供应商效率评价、供应商风险评价、供应商激励和供应商收益分配几个维度系统地介绍智能制造核心企业存在的供应商管理问题，具体包括复杂网络视角和分类管理视角的供应商效率评价、基于PLS-SEM的供应商风险评价、考虑随机产出风险和过度自信风险的供应商激励和考虑协同贡献度的供应商收益分配等内容。

本书内容力求原创，突出理论模型与案例研究相结合。目前，我国智能制造发展整体处于起步和探索阶段，智能制造背景下供应商管理相关理论、方法和技术仍在不断完善中。与已有智能制造相关书籍不同，本书从供应商管理视角出发，针对企业智能制造转型升级中的复杂供应商关系，基于复杂网络、博弈论、协同理论等，针对智能制造背景下供应商的效率评价、风险评价、供应商激励等问题进行讨论，相关理论和实践为智能制造企业供应商管理特定问题提供了针对性的思路和建设性的参考，引导读者在实践中思考。

本书顺应智能社会和数字经济的时代浪潮，围绕智能制造供应商管理创新发展主要方向，服务于智能制造供应商管理高素质人才的教育和培养需求，面向读者为从事智能制造建设及供应商管理的工程技术人员或管理人员以及学习智能制造、供应商管理的高校学生群体。本书可作为企业智能制造供应商管理实践中的参考，也可以作为高校智能制造、供应商管理相关专业学生的辅修参考书。

本书在撰写过程中，借鉴了国内外很多学者的研究成果，作者所在团队的陈诚、丁雪红、张明昊、刘圆、韩玲玲、张乐乐、王令、刘立赛等给予了大力支持，获得了国家自然科学基金项目(项目编号：71801108)和淮北师范大学学术著作出版基金项目的资助，并得到清华大学出版社的鼎力帮助和精心策划。在此表示衷心感谢！尽管本书是团队研究创新工作的总结，但是由于水平和能力有限，书中难免存在不妥之处，敬请各位读者批评指正。

作　者

2023 年 5 月

目录

第1章 绪论 ··· 1
1.1 研究背景 ··· 1
1.2 国内外研究现状 ··· 2
1.2.1 供应商效率评价国内外现状 ··· 2
1.2.2 供应商风险评价国内外研究现状 ··· 4
1.2.3 供应商激励国内外研究现状 ··· 5
1.2.4 供应商利益分配国内外研究现状 ··· 6
1.3 研究内容 ··· 7
1.4 本章小结 ··· 7

第2章 相关理论与方法 ··· 9
2.1 供应商管理理论 ··· 9
2.1.1 供应商分类 ··· 9
2.1.2 供应商效率及评价 ··· 10
2.2 复杂网络理论 ··· 11
2.3 协同理论 ··· 12
2.4 熵理论 ··· 13
2.4.1 协同熵 ··· 13
2.4.2 熵权法 ··· 14
2.5 过度自信理论 ··· 14
2.6 博弈论 ··· 15
2.7 BP神经网络 ··· 16
2.7.1 BP神经网络的基本介绍 ··· 16
2.7.2 BP神经网络的优缺点 ··· 18
2.8 最小二乘结构方程模型 ··· 19
2.9 Shapley值法 ··· 20

2.10　*t*-SNE 算法 ·············· 21

2.11　本章小结 ·············· 22

第 3 章　智能制造背景下基于复杂网络的供应商效率评价 ·············· 23

3.1　复杂供应商网络 ·············· 23

 3.1.1　复杂供应商网络定义 ·············· 23

 3.1.2　复杂供应商网络特征分析 ·············· 24

 3.1.3　复杂供应商网络角色划分 ·············· 25

3.2　复杂供应商网络建模思想 ·············· 27

3.3　复杂供应商网络协同熵值度量 ·············· 29

3.4　复杂供应商网络协同效率评价模型构建 ·············· 31

 3.4.1　复杂供应商网络成员协同关系建立 ·············· 31

 3.4.2　复杂供应商网络协同评价参数确定 ·············· 34

3.5　案例分析 ·············· 35

 3.5.1　数据收集与统计 ·············· 35

 3.5.2　结果分析与建议 ·············· 41

3.6　管理启示 ·············· 43

3.7　本章小结 ·············· 44

第 4 章　智能制造背景下基于分类管理的供应商效率评价 ·············· 45

4.1　构建智能制造企业供应商分类指标体系及评价指标体系 ·············· 45

 4.1.1　评价指标体系构建原则 ·············· 45

 4.1.2　智能制造企业供应商分类指标构建 ·············· 46

 4.1.3　智能制造企业供应商效率评价指标构建 ·············· 48

 4.1.4　指标权重计算 ·············· 53

 4.1.5　分类算法 ·············· 55

4.2　改进 PSO 算法 ·············· 59

 4.2.1　粒子群优化算法概念 ·············· 59

 4.2.2　粒子群优化算法特点 ·············· 59

 4.2.3　改进粒子群优化算法 ·············· 59

4.3　基于 DPMPSO-BP 构建智能制造供应商评价模型 ·············· 61

 4.3.1　基于 DPMPSO 改进 BP 神经网络算法 ·············· 61

 4.3.2　贝叶斯分类下的 DPMPSO-BP 神经网络评价模型 ·············· 62

4.4　案例分析 ·············· 64

 4.4.1　DPMPSO-BP 神经网络模型结构设计 ·············· 64

 4.4.2　贝叶斯分类下改进 DPMPSO-BP 神经网络的应用 ·············· 65

4.4.3　评价结果分析与建议 ·· 70
　4.5　本章小结 ··· 71

第 5 章　智能制造背景下基于 PLS-SEM 的供应商风险评价 ············ 73
　5.1　智能制造背景下供应商风险评价指标构建 ·· 73
　5.2　智能制造背景下基于 PLS-SEM 的供应商风险评价模型 ························ 75
　5.3　实证分析 ··· 77
　　　5.3.1　数据收集与分析 ·· 77
　　　5.3.2　模型效果检验 ·· 79
　5.4　评价结果及建议 ·· 82
　　　5.4.1　一级指标视角结果分析及建议 ·· 83
　　　5.4.2　二级指标视角结果分析及建议 ·· 83
　5.5　本章小结 ··· 84

第 6 章　智能制造背景下考虑随机产出风险的供应商激励 ·············· 86
　6.1　随机产出风险分析 ··· 86
　6.2　基于成本共担和收入共享的 Stackelberg 激励模型构建 ························ 87
　　　6.2.1　假设条件与模型构建 ·· 87
　　　6.2.2　模型求解 ··· 88
　6.3　算例分析 ··· 93
　6.4　管理启示 ··· 99
　6.5　本章小结 ··· 99

第 7 章　智能制造背景下考虑过度自信风险的供应商激励 ············ 101
　7.1　过度自信风险分析 ··· 101
　7.2　基于 t-SNE 的过度自信判定 ·· 101
　　　7.2.1　智能制造能力成熟度指标体系构建 ··· 101
　　　7.2.2　数据收集及标准化处理 ··· 102
　　　7.2.3　过度自信程度聚类判定 ··· 102
　7.3　考虑过度自信的 Stackelberg 激励模型构建 ·· 104
　　　7.3.1　假设条件 ··· 104
　　　7.3.2　讨论与分析 ··· 105
　7.4　算例分析 ··· 107
　　　7.4.1　过度自信判定模型算例分析 ·· 107
　　　7.4.2　供应商激励模型算例分析 ·· 108
　　　7.4.3　管理启示 ··· 110

7.5 本章小结 …………………………………………………………… 111

第 8 章 智能制造背景下考虑协同贡献度的供应商收益分配 …………… 112

8.1 协同收益与协同效率关联性分析 …………………………………… 112

8.2 Shapley 值法协同收益分配方法 …………………………………… 113

  8.2.1 Shapley 值法应用 ………………………………………… 113

  8.2.2 Shapley 值法缺陷 ………………………………………… 114

8.3 考虑协同贡献度的复杂供应商网络协同收益分配模型 …………… 115

  8.3.1 复杂供应商网络成员实际协同能力影响因素 …………… 115

  8.3.2 复杂供应商网络成员观测协同能力影响因素 …………… 117

  8.3.3 考虑协同贡献度的复杂供应商网络协同收益分配方案 … 117

8.4 算例分析 ……………………………………………………………… 119

8.5 管理启示 ……………………………………………………………… 120

8.6 本章小结 ……………………………………………………………… 121

第 9 章 总结与展望 ……………………………………………………………… 122

9.1 总结 …………………………………………………………………… 122

9.2 展望 …………………………………………………………………… 124

参考文献 ………………………………………………………………………… 125

第1章

绪 论

1.1 研究背景

制造业是实体经济的主体,是体现国家竞争实力的关键。然而,2008年全球金融危机爆发后世界各国经济增长乏力,各发达国家纷纷将自身传统制造业向智能制造业靠拢,陆续提出了利用信息技术发展传统制造业的国家级战略和规划,如德国的"工业4.0"、美国的"先进制造业国家战略计划"、英国的"工业2050战略"等,其中以美国与德国为首的智能制造企业发展最为迅猛[1-2]。近年来,我国也将智能制造作为产业转型推动力,开始推行和发展智能制造,并陆续制定一系列发展战略,先后印发"中国制造2025"等文件[3],以实现制造强国目标。

在国家战略和市场环境引导下,全球各国智能制造试点示范项目逐渐增加,实施智能制造的企业数量显著增多,很多企业也开始加大智能制造研究的力度,以推动企业智能制造转型升级。示范项目包括谢菲尔德大学的2050工厂(英国)、亚琛大学的示范工厂(德国)、芝加哥的特朗普集团工厂(美国)和天津大学的三维模型检索系统(中国)等。试点的企业则包括北京航天的智慧云制造、奥迪的英戈尔斯塔特工厂、宝山钢铁的热轧1580智能车间、西门子的安伯格工厂和四川长虹电器的"以大规模个人化定制"等。普华永道最近对26个国家的2000多家公司进行的一项调查显示,智能制造的总体采用率为33%。

智能制造是将人工智能技术融合并贯穿于制造全过程,使其具备智能化行为,以加快产业变革[3]。智能制造不仅为企业带来大量的益处,如降低成本、提高质量、规范工作流程等,还促进企业多维度融合发展,实现企业转型升级。因此,在当前信息科技迅速发展的时代,大力且持续地发展智能制造是帮助企业提升自身竞争力的最佳途径。

随着智能制造的快速发展,制造企业将供应商视为其生产系统的延伸[4],二者之间的关系由传统的"资金—物料"供需双边交易逐步转向"主制造商—供应商"模式下的战略伙伴同盟[5-7]。身份的转变使得供应链中的一部分供应商不仅承担着物料的供给职能,还作为主制造商的重要合伙人融入产品的研发和制造环节,为主制造商分担风险的同时分享相应的收益[8]。主制造商也在与供应商连续动态的业务往来中获得了供应商所附带的创新资源要素,以此推动企业战略目标的实现[9-10]。伴随专业化分工的出现,主制造商选择将更多的非战略性业务外包给供应商,互利共赢的局面促使双方的联系日渐紧密,主制造商也愈发依赖供应商来支撑自身的竞争优势[11]。

供应商作为供应链的重要主体,在协同研制[12]、协同创新[13]和协同配送[14]等人机物协同制造价值链中发挥着承上启下的关键作用,其合作意愿和努力程度与主制造商可获得的收益以及供应商网络的总体收益息息相关,且高质量的协同能够为网络成员带来更多的收益[15]。然而,在以智能制造为核心的全球新一轮工业革命到来之时,现实中的多数企业并未成功通过有效管理供应商提高企业竞争优势,反而面临一系列的改革难点、痛点。因此,如何针对智能制造大背景开展供应商有效管理成为智能制造企业亟待解决的重要问题。

基于上述研究背景,本书结合复杂网络、分类管理、协同熵、过度自信、博弈论等理论,应用管理学、系统科学、统计学、计算机科学等技术方法,围绕供应商效率评价、供应商收益分配、供应商风险评价和供应商激励开展供应商管理研究。

1.2 国内外研究现状

1.2.1 供应商效率评价国内外现状

供应商效率评价是核心制造企业通过建立科学、合理的评价指标体系,对某一类型供应商的产品质量、成本和服务等进行衡量,并运用一定的评价标准对供应商进行效率等级划分的一种手段,能够对核心制造企业旗下供应商资源投入和价值产出的合理性进行考察,其好坏能反映供应商的优劣。

目前国内外学者对供应商评价领域进行了相关的研究,Chang 等[16]提供了一个完整的 SSES(sustainable supplier evaluation and selection)方法,以支持决策者和从业人员轻松评价供应商的绩效。为在不同的制造过程中选择合适的供应商,Yu 等[17]学者提出了一个供应商评估、选择和分配的框架,并结合了两阶段博弈论方法。Ana 等[18]采用代理公司(丰富评价的偏好排名组织方法——互动辅助的几何分析)方法对农业食品公司的供应商进行分类和选择评价。Li[19]等学者考虑了主要因素后,建立了一个指标框架,提出了一种自适应权值 D-S(dempster/shafer)理论模型,并提出了一种模糊-粗糙集-AHP(analytic hierarchy process)方法来评价供应商各指标。关于供应商效率评价的国内研究学者们多利用 DEA(data envelopment analysis)数据包络方法,如李娟等[20]构建了基于中立性 DEA 交叉效率评价模型,分析逆向物流供应商的评价与选择。除此之外,也有学者另辟蹊径,如陈诚[21]基于 DPMPSO-BP(division-probability mutation particle swarm optimization-back propagation)神经网络对智能制造企业供应商效率进行评价。段吉莲[22]针对服务型企业在选择供应商的过程中采用模糊层次分析法(fuzzy analytic hierarchy process,FAHP)存在主观性过强、计算量过大等问题,提出了模糊层次分析法与理想点法相结合的评价方法,即建立合理的服务型企业供应商评价指标体系。范露华[23]从供应商管理的重要性出发,结合建筑企业物料管理的实际,设计供应商管理流程,提出了供应商评价的指标体系,基于熵权 TOPSIS(technique for order preference by similarity to an ideal solution)模型对供应商进行优选排序,为企业选择合适的供应商,并为当前建筑企业供应商管理的优化策略提出建议,有利于供应链的整体优化和提高。赵永满等[24]针对传统供应商评价方法的属性值和权重值忽略了市场环境影响和决策心态变化的问题,将心态区间数引入供应商评价体系,提出一种能够应对不同市场环境或决策心态的 S-VIKOR(vlsekriterijumska optimizacija I kompromisno resenje)多属性评价方法。

关于供应商网络效率评价的研究,源于主制造商对数量众多的供应商进行评价和筛选的需求[25-26],其重要性在理论和实践应用中已逐渐得到呈现。Arabshahi 等[27]提出一种基于卖方-买方结构的两阶段 DEA 模型并将其推广至供应链网络,该模型有助于网络成员在主导方不定的情形下选择较为稳定的合作伙伴,从而实现高效的协同活动。Choi 等[28]认为在扩展的供应网络中,与该供应商有业务往来的其他企业可能会影响该供应商的效率,引入"结构嵌入"的概念可以辅助企业在更大的背景下更全面的评估供应商。谢恩等[29]将供应商网络中的新旧供应商之间的关系分为竞争和合作两种类型,利用效用函数深入分析了新成员加入网络时面临的合作伙伴选择问题以及对网络整体效率的影响。程聪等[30]运用网络理论中节点的活性来描绘供应商的属性与状态,从供应商网络关系、网络结构与节点活性三个角度对供应商网络效率进行了探讨。

另外,有学者从供应商选择需求开展供应商评价。供应商选择与评价的研究对象通常分为传统供应商和智能制造供应商两类。针对传统供应商的选择与评价,Bo 等[31]在研究中提出了基于经济学选择模型框架,在商品原材料供应商选择过程中权衡成本、交付、灵活性和服务特性。Prahinski 等[32]讨论了供应商应该如何看待采购公司的供应商评估沟通过程及其对供应商绩效的影响[32]。Kara 等[33]提出了一种基于聚类的供应商风险概况分组方法来评价供应商。另外,

Pitchipoo 等[34]的目的是通过整合分析层次结构过程和灰色关系分析来进行供应商评估和选择，进而开发一个合适的混合模型[34]。

随着智能制造的发展，更多的学者开始关注企业智能化发展过程中智能制造系统软件的影响，就不同行业智能制造软件供应商的选择与评价进行研究。在国外文献中，Broy 等[35]明确描述了汽车软件的本质，并对汽车软件工程的选择与评级进行了讨论。Aduamoah[36]开展发展中国家中小企业如何选择计算机会计软件供应商问题的研究。Fabbrini 等[37]详细描述了鉴定机制方法的创新是将（ISO/IEC15504）评估的结果作为软件公司获得软件供应商的合同要求之一。在离岸软件开发外包供应商的选择过程中，Khan 等[38]探讨了各种障碍对软件外包客户产生的负面影响。Lehmann 等[39]概述了软件的定价模型，分析了软件作为一种产品的特点以及评价软件供应商的一般条件。Ajami 等[40]认为 IT 服务供应商选择的有效标准能够使管理者做出最合适的决定。在国内文献中，黄亚江等[41]通过文献统计构建 BIM（building information modeling）软件供应商评价指标体系，根据模糊层次分析法来评价各级指标的重要性，为企业选择优质 BIM 软件供应商提供参考标准。赵慧[42]提出了基于 VDA6.3 评价结构的嵌入式软件供应商评价方法，进一步准确评价嵌入式软件供应商的能力。

1.2.2 供应商风险评价国内外研究现状

在供应商风险评价中，一方面在企业生产发展不均衡的情况下，供应商生产系统的偶然性造成随机产出风险增大；另一方面，由于主制造商对供应商的过低估计及对自身的过高估计导致其产生过度自信风险。国内外学者在相关领域开展了研究。

围绕供应链中随机产出风险研究方向，国外学者的研究主要有：Hailu 等[43]研究了"真正的"随机技术效率和异质性的随机前沿效应分析；Gupta 等[44]对随机产出下柔性制造系统中的柔性权衡进行实证检验；Mokhtari 等[45]分析具有随机缺陷率、返工和报废的不完全质量项目的单阶段和多阶段制造系统工作机制；国内学者的研究主要有：许民利等[46]针对原制造商和第三方再制造商构成的闭环供应链系统，设计了随机产出特性下基于 Shapley 值的收入共享契约激励模型；陈崇萍等[47]研究在需求与供应不确定条件下，当制造商将零件交付给两个可以随机交付零件并中断生产的供应商时的最优决策问题[47]；冯颖等[48]考虑了生鲜农产品随机产出特性，构建了离岸和到岸两种价格下的分散决策博弈模型；在随机产出风险下，张未未[49]围绕损失厌恶零售商市场需求量和供给量不确定的问题，设计了最优订购策略来适应市场变化。

供应商进行风险评价时对于自身过高评价以及对供应商过低评价都会产生过度自信[50]。对这方面进行研究的国外文献主要有：Lu 等[51]利用 2012—2018 年 640 家中国制造业上市公司的面板数据，实证研究了制造业的数字创新效应，并进一步考察了包括管理者的过度自信是否影响这一效应;在批发价格契约和成本分担契约激励下,Du 等[52]分析制造商过度自信对供应商创新和供应链利润的影响;在可持续的两级供应链中,Xiao 等[53]讨论了零售商的公平关注和制造商的过度自信行为对最优契约设计的交互影响。国内文献主要包括:万骁乐等[54]认为过度自信作为一种典型的决策者非理性行为特征,会对交叉持股供应链成员的决策产生影响,并探讨存在过度自信的交叉持股供应链的决策问题;王经略等[55]把决策者对自身因素的过高估计现象称为高估主体效应,对客体因素的过低估计现象称为低估客体效应;周辉等[56]考虑制造商需求过度自信和产品绿色度构建决策模型,探讨制造商的过度自信对产品绿色度、产品产量及产品利润的影响;王新林等[57]考虑需求及产出的随机性以及企业存在的过度自信心理,针对"互联网+"背景下中小制造企业的在线直销模式,研究供应链期权契约协调机制;林志炳等[58]研究了制造商的过度自信行为和零售商的企业社会责任行为对渠道成员退货策略的影响。

1.2.3 供应商激励国内外研究现状

针对供应商激励研究的文献,大多是主制造商对供应商的激励方式采取成本共担、收入共享等契约激励。常见的契约激励[59-61]设计包括回购契约[62]、收入共享契约[63-66]、成本分担契约[67-68]、数量折扣契约[69]以及数量弹性契约[70]等都可以对供应商进行激励。基于传统供应商激励的研究中,Maurizio 等[71]发现企业交流共享过程中的沟通质量、和谐、承诺、信任和冲突解决技巧等因素对合作企业的产品质量预期和合作关系存在着正向的促进作用。在石丹等[72]的研究中机会主义风险需要进行激励,制造商设计有效的机制来激励供应商扩大产能投资。基于收入共享契约,姜璇等[73]利用不同的博弈模型来解决入驻销售商和平台商不同促销模式的问题。王永明等[74]假设供应商和零售商同时为理性人,基于收入共享契约激励判断风险规避和公平偏好对决策的影响。赵焕焕等[75]利用博弈论和优化模型,构建了基于最优成本分担的主制造商-供应商合作激励模型。谢家平等[76]设计收入共享-成本分担契约激励机制,提高了线下和线上服务商的服务水平及利润,增加了竞争力。周辉等[77]设计激励契约判断产品绿色创新水平与订货量的相互影响,为决策者提供参考意见。杨惠霄等[78]讨论了收益分享契约激励、谈判激励对供应链碳减排率的影响[78]。范建昌等[79]构建了一个由制造商与零售商组成的供应链博弈模型,研究了责任成本分担对制造商产品质量决策等的影响。基于数量柔性契约的交易环境,俞海宏等[80]建立服务供应链激励模型和协调模型。嵇雅楠[81]研究构建了基于批发价格契约和收益共享契约的供应链应急协调模型,探讨了突发事件风险概率对激励产生的影响。

针对智能制造企业的激励研究中,孙新波等[82]选取双案例方法,帮助制造企业在多包合作激励机制中明确激励主体,完善智能制造企业激励研究。王银雪等[83]针对智能制造企业,探讨了股权激励的两种形式正向影响智能制造企业创新发展。政府在资金、技术、政策和激励措施等方面对新能源汽车给予了大力支持,Qiu[84]主要研究与新能源汽车和智能制造发展相关的问题。Luthje[85]从不断变化的社会技术生产模式的角度,探讨了先进数字制造业(如"中国制造2025"政府计划所述)的发展。

综上所述,围绕智能制造供应商风险评价及激励问题,国内外学者主要从智能制造、供应商评价方法和供应商激励等方面展开,虽已取得一定的研究成果,但针对一些具体问题仍存在有待完善的地方:

(1)上述文献主要涉及智能制造、供应商评价以及供应商激励三方面,在供应商评价和激励领域形成了一定的成果。但是,制造企业在选择智能制造供应商的过程中仍存在隐藏风险,已有文献研究缺少对智能制造供应商风险的考虑,在供应商评价和激励中忽视了智能制造供应商风险带来的隐性影响。

(2)围绕智能制造供应商过度自信和随机产出风险两方面的文献,缺少对智能制造因素的考虑,上述供应商相关研究成果往往基于传统供应商的视角,忽视了智能制造建设过程中对智能制造供应商的影响。

基于此,本书从智能制造供应商风险预测的视角出发,开展智能制造供应商风险评价及激励研究,为智能制造企业选择优质供应商提供参考。针对智能制造供应商过度自信和随机产出风险构建激励模型,并进行实证研究,帮助智能制造企业及时发现隐藏问题,做出合理决策,采取有效的激励措施,以加速智能制造企业改造升级、推动智能制造普及和落地。

1.2.4 供应商利益分配国内外研究现状

近年来,有关供应链收益分配的研究已取得了丰硕的学术成果,出于问题的复杂性考虑,国内外学者们普遍以双主体、两阶段的供应系统为研究对象,考虑到不同决策方案下博弈主体的地位会影响到博弈的结果,要使双方在一定程度上达成共识,占优方需对劣势方实施契约激励。成本分担与收益共享是提高供应链整体协调的两种重要契约形式[86],相关研究表明:契约的签订不仅有助于降低双重边际化和信息不对称等不利因素所带来的影响,还能在增加单个企业利润的同时提升供应链的整体利润,实现供应链协调和竞争优势[87-89]。如徐春秋等[90]通过构建零售商和制造商微分博弈模型发现,在一定条件下,成本分担契约可以实现制造商、零售商和整个供应链系统利润的帕累托改善。冉文学等[91]对零售商和供应商引入区块链技术构建博弈模型,并利用收益共享契约对双方的利润分配进行协调,验证了区块链技术的应用使整个供应链的收益得到提高且零售商的订货量更逼近于市场真实需求,有效降低了供应链库存风险。

随着研究主体数量的增加,模型的复杂度会进一步提升,在解决多主体之间合作收益分配的问题上,其中最具影响力的当属1953年著名对策论专家Shapley教授所提出的 Shapley 值法[92]。Shapley 值法贯彻非平均主义的收益分配原则,依据联盟成员对联盟的边际贡献分配收益,即联盟中某成员实际所获得的收益与其为所属联盟创造的边际收益的平均值等价。该方法不仅反映了联盟成员对联盟总体价值产出的付出水平,也呈现了集体目标下个体之间的相互博弈过程,相比其他任何一种单方面考虑资源配置效率或投入价值以及二者相融合的收益分配办法都更具科学性、合理性和公平性[93]。

Shapley 值法作为处理联盟利益分割问题最常见也是最实用的方法,被广泛应用于现实世界中的诸多领域。例如,Eissa 等[94]为建筑合资企业开发了一个以 Shapley 值法替代传统投资方案的概念框架;张瑜等[95]探讨了在面对道德风险的情况下,如何以网络协同系数作为协调参数对基于 Shapley 值法的利益分配机制实现优化;为有效管理分布式能源并创造额外的经济利益,Han 等[96]提出了一种多步联合分层抽样的 Shapley 值估计方法,能够降低计算复杂度,从而提高这种对等协作方案的可扩展性;李婷等[97]针对矿产资源开发过程中出现的利益冲突问题,在传统 Shapley 值法的基础上结合实际,引入风险分摊系数、投资比重、创新能力以及生态修复支持力度四个影响因素,建立了基于云重心 Shapley 值法的收益分配方案模型;陈伟等[98]利用正交投影法得到的综合风险因子,对基于 Shapley 值法的分布式创新合作企业基础利益分配额进行了修正。

1.3 研究内容

作为变革中的领域,目前我国智能制造发展整体处于起步和探索阶段,智能制造背景下供应商管理相关理论、方法和技术仍在不断完善中。本书基于供应商管理视角,从相关理论与方法、供应商效率评价、供应商风险评价、供应商激励和供应商收益分配几个维度系统介绍智能制造核心企业存在的供应商管理问题。具体包括复杂网络视角和分类管理视角的供应商效率评价、基于 PLS-SEM(partial lease square-structural equation modeling)的供应商风险评价、考虑随机产出风险和过度自信风险的供应商激励和考虑协同贡献度的供应商收益分配等内容。

本书内容不仅为智能制造新型供应商网络形态理论、效率评价与效率提升提供新的研究思路,也能够进一步丰富智能制造背景下供应商网络管理和评价理论与方法的研究体系,提升制造企业生产系统外在延伸的供应商网络能力,具有重要的理论价值和实践意义。

1.4 本章小结

近年来,随着新一轮科技革命和产业变革的深入,智能制造成为助力制造业转型升级、推动制造业高质量发展的坚实力量,也是新形势下中国制造业未来发展的主攻方向。随着智能制造的快速发展,制造企业将供应商视为其生产系统的延伸,供应商成为智能制造企业产业链的重要主体。然而,在以智能制造为核心的全球新一轮工业革命到来之时,现实中的多数企业并未成功通过供应商协同转化企业竞争优势,也并非总能产生企业所期望的效益,反而面临着一系列的改革难点、痛点。因此如何针对智能制造大背景开展供应商管理研究成为智能制造企业亟待解决的重要问题。

本章介绍了智能制造供应商管理的研究背景,从供应商效率评价、供应商风险评价、供应商激励和供应商利益分配四个方面分析了国内外研究现状,并概括了本书涉及的主要内容。

第 2 章

相关理论与方法

2.1 供应商管理理论

2.1.1 供应商分类

供应商绩效表现和战略潜力的不同,其体现的价值也不同,根据价值的不同提出供应商合作模式模型,即 TrueSRM[99]。本节借鉴 TrueSRM 模型相关理论,以绩效表现和战略潜力两个维度对供应商进行分类,具体如图 2-1 所示。

战略型供应商(strategic supplier,SS)是对企业有战略指导意义的供应商,拥有为企业创造竞争优势的核心资源,这类供应商的数量非常少,有的企业甚至没有。效率型供应商(efficient supplier,ES)也称为普通型供应商,是为企业提供产品最多、合作最频繁、数量最多的一类供应商,其不掌握企业核心资源,但企业若掌握一套方法来维护此类供应商,可以帮助企业取得可观的价值。ES 分为五级,一级供应商为影响型供应商(effect supplier,E-ES),E-ES 能够为企业提供近乎完美的产品或服务,并且能联合开发新的产品,为公司提供创新空间,稳定合作可发展为战略型供应商,E-ES 数量很少。二级供应商为投资型供应商(investment supplier,E-IS),E-IS 能够提供好的想法和创新能力,但却受一些基本问题的困扰,若协助其解决基本问题,会给企业创造巨大的价值,其数量也很少。三级供应商为收获型供应商(harvest supplier,E-HS),E-HS 提供的产品和服务正好是公司所需要的,有利于公司提高竞争力,双方处于良好的稳定合作状态,企业需要对其进一

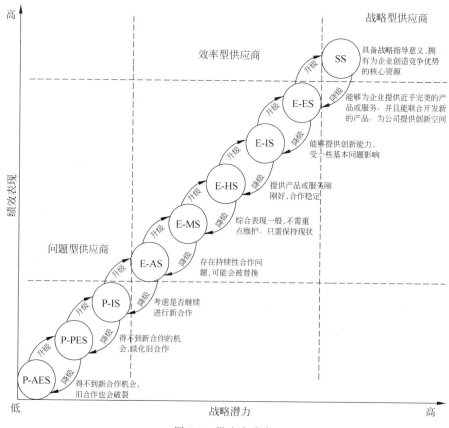

图 2-1 供应商分类

步培养,E-HS 的数量比较多。四级供应商为维持型供应商(maintenance supplier, E-MS),E-MS 综合表现一般,后期合作不需要重点维护,也不需要保证大量的投入,只需维持当前合作状态即可。五级供应商为改善型供应商(ameliorative supplier,E-AS),存在持续性的问题或缺陷,在企业的建议下若不将缺陷解决会被替换。问题型供应商(problem supplier, PS)是各类表现无法达到企业要求,企业可能会与其暂停合作的一类供应商,主要包括考察型供应商(inspection supplier, P-IS),消极淘汰型供应商(passive elimination supplier, P-PES),积极淘汰型供应商(actively eliminate suppliers, P-AES)。P-IS 是企业在当前合作过程中,考虑是否进行新一轮合作的一类供应商。P-PES 是在与企业合作过程中,企业不会再提供新的合作,伴随现有合作结束后会慢慢终止合作的一类供应商。P-AES 是企业不但不给予新的合作,而且现有的合作也将结束的一类供应商。

2.1.2 供应商效率及评价

供应商效率评价是核心制造企业通过建立科学、合理的评价指标体系,对某一类型供应商的产品质量、成本和服务等进行衡量,并运用一定的评价标准对供应商进行效率等级划分的一种手段,能够对核心制造企业旗下供应商资源投入和价值产出的合理性进行考察,评价结果能反映供应商的优劣。不仅如此,通过对供应商效率进行等级划分,一方面可为核心制造企业监督供应商提供信息,另一方面则为核心制造企业选择供应商激励策略的决策提供依据,实现其商业价值和效益产出最大化。当前,关于供应商效率评价的研究学者们多利用数据包络分析(data envelopment analysis,DEA)方法进行评价,如李娟等[100]构建了基于中立性 DEA 交叉效率评价模型,分析逆向物流供应商的评价与选择。除此之外,也有学者另辟蹊径,如李志红等[101]基于 Malmquist 指数对人力资源管理外包供应商效率进行评价,陈诚[102]基于 DPMPSO-BP 神经网络对智能制造企业供应商效率进行评价。

2.2 复杂网络理论

复杂网络作为搭建复杂系统的基本框架,是认识复杂系统性质和功能的基础。任意一个复杂系统都可视为个体、单元或子系统间的相互作用网络。学术界对于复杂网络的定义为:具有自组织、自相似、吸引子、小世界以及无标度中部分或全部性质的网络。

越来越多的现实研究表明,真实世界中实际问题抽象出的网络既不是规则网络也不是随机网络,而是复杂网络,如生活中的计算机网络[103]、社会人际关系网络[104]、金融系统网络[105]和流行病传播网络[106]等。在复杂网络的统计特征中,有平均路径长度、聚类系数、度和中心度等重要概念,假设一个复杂网络的节点总数为 N,则它们如下定义:

(1) 平均路径长度

平均路径长度 L 是网络中节点 i 与节点 j 之间最短路径长度 l_{ij} 的均值。当平均路径长度与网络规模的增长呈对数相关时,会伴有小世界效应的出现[107],其表达式为

$$L = \frac{2}{N(N-1)} \sum_{i \neq j} l_{ij} \quad (2\text{-}1)$$

(2) 聚类系数

聚类系数 C 是一种用于描述网络内部聚集特性的指标,具体包括节点聚类系数 C_i 和网络聚类系数 C_N。网络中,若节点 i 有 n_i 个相邻节点与之相连接,C_i 是这 n_i 个节点之间的连边数 E_i 与所能够产生的最大连边数 D_i 之比,C_N 是 C_i 的平均值,其表达式分别为

$$C_i = \frac{E_i}{D_i}, \quad C_N = \frac{1}{N} \sum_{i=1}^{N} C_i, \quad D_i = n_i(n_i - 1)/2 \quad (2\text{-}2)$$

(3) 度与度分布

度是网络中最为直观的统计参数,定义为与节点 i 相连的边的数目,节点度越大,对网络的影响力也就越强。度分布是关于度的另一个重要概念,作为节点度的累积分布函数,表示度值大于或等于 k 的节点所出现的概率。

以 ER 随机图模型为例,网络中任意两节点以概率 p 连接,事件之间相互独立,满足该条件的网络的度服从二项分布:

$$P(k) = \binom{N-1}{k} p^k (1-p)^{N-1-k} \quad (2\text{-}3)$$

事实上,大量研究表明,真实世界中的大多数网络的度分布与上述不同,其分布函数在图像上普遍高度右偏,遵循幂律分布的统计特征,即

$$P(k) \sim k^{-\alpha}, \quad \alpha \in [1,4] \quad (2\text{-}4)$$

(4) 相对中心度

为探究人和组织在社会网络中的权力大小及地位高低,相关学者从关系视角出发,提出若干有关社会权力的数学定义。其中,中心度是描述节点在网络中的核心程度的参数,具体可分为绝对度数中心度 $C_{\text{AD}}(i)$ 和相对度数中心度 $C_{\text{RD}}(i)$。

在无向网络中,$C_{\text{AD}}(i)$ 为与节点 i 直接相连的节点个数,即该点的度值,该参数不能反映节点自身相较于其他节点的优劣,$C_{\text{RD}}(i)$ 的引入可有效改善这一局限。$C_{\text{RD}}(i)$ 是对 $C_{\text{AD}}(i)$ 标准化的结果,即 $C_{\text{AD}}(i)$ 与网络中最大可能度数之比,形如

$$C_{\text{RD}}(i) = \frac{C_{\text{AD}}(i)}{N-1} \quad (2\text{-}5)$$

2.3 协同理论

在智能制造背景下,复杂供应商网络成员之间趋近于一种共生关系,体现在彼此的合作与依存中,其实质是协同,通过协同优化并改善资源的有效配置,实现优势互补和共赢发展。关于协同的概念,最早由美国战略管理学家 Ansoff 于 1965 年提出,并通过其所著的《战略管理》[108]一书将该思想渗透至管理学领域,指出协同即通过各业务单元间的协作达成企业的全局价值超过各单个部分的直接求和。20 世纪 70 年代初期,德国科学家 Haken 在 *synergetics: an introduction, nonequilibrium phase transitions and self-organization in physics, chemistry and biology*[109]一书中系统地论述了协同理论。

协同理论又称"协同学",作为系统科学中理论层面的主要内容之一,其以控制论、系统论、信息论等为代表的多种现代科学的研究成果为支撑,通过吸取平衡相变理论中的序参量概念和绝热消去原理并类比不同学科领域中的同类现象,揭示系统从无序到有序的演变规律[110]。协同学是一门关于共同协作或合作的科学,

Haken 称其为"协同工作之学"。相比耗散结构理论,协同学的研究对象不局限于远离平衡态的开放系统,还包括平衡态的封闭系统。它指出系统从无序向有序转化的核心并非系统是否处于平衡态,而在于组成系统的各个子系统间的非线性相互作用,最终使整个系统产生出一些在原先微观个体层面中不存在的新的结构和特征,即在一定的条件下,处于平衡态或非平衡态的开放系统在宏观上均可呈现出结构、布局、节奏和时空状态等的稳定区分和有序[111]。

2.4 熵理论

关于熵的定义,最早可追溯至德国物理学家 Clausius 所提出的热力学第二定律,表示物质能量损耗程度的度量。1875 年,奥地利科学家 Boltzmann 通过著名的玻尔兹曼公式 $S=k\log_{10}W$(k 为玻尔兹曼常数,S 表示宏观量,W 表示微观状态数或热力学概率)在宏观和微观之间建立联系,认为系统某一状态下熵的大小揭示了该宏观态对应的微观态数目的多寡,站在统计学的角度来看,熵增即预示着系统混乱或无序程度的增加[112]。

自 20 世纪 70 年代耗散结构论和协同理论的提出,非线性科学发展至今,一系列以不确定性的度量、信息熵、管理熵、协同演化等为代表的系统复杂性问题始终是研究的热点[113]。熵理论已成为复杂科学的重要理论之一,其广义统计学特性[114]被科研工作者们广泛应用于电子通信、灾害控制、医疗卫生以及经济管理等各个领域。

关于熵理论在协同评价方面的应用,中国学者宋华岭[115]等曾围绕企业组织系统提出协同跨度、协同轨迹、协同机制和协同效率等协同性参量,构造了以组织协同性为核心的指标评价体系,从协同的结构、方式和功能等多个角度构建协同性熵评价的数学模型,研究结论对于协同管理的拓展具有重要意义,本节内容即在此基础上对熵理论的再次推广。熵作为一种刻画有序度的手段,能够通过量化网络内部的混乱来呈现网络的状态,故在解决复杂供应商网络协同管理问题时具有很好的适应性。

2.4.1 协同熵

20 世纪 40 年代末,信息论创始人 Shannon 结合热力学相关概念提出了信息熵[116],信息熵是按照事物对信息的贡献来刻画信源不确定性的工具。

在系统 S 内部,$P_i(i=1,2,\cdots,k)$ 为离散事件 $T_i(i=1,2,\cdots,k)$ 发生的可能性,则每个离散事件对应的信息熵可表示为

$$H(S)=-\sum P_i\log_{10}P_i, \quad i=1,2,\cdots,k \tag{2-6}$$

推广到供应商网络,设 f_i 为供应商的协同关系链数,f 为供应商的协同关系链数之和,则每个供应商所对应的协同熵可表示为

$$H(S) = -\sum \frac{f_i}{f} \log_{10} \frac{f_i}{f}, \quad f = \sum f_i, i = 1, 2, \cdots, k \qquad (2\text{-}7)$$

2.4.2 熵权法

将信息熵应用到协同效率评价问题中来,针对某个指标 Λ,其信息熵大小与系统贡献度呈反比,信息熵越小,表明指标变异越充分、可携带信息越丰富,对应指标权重也就越大[117],这一特性使得信息熵在求解多属性决策问题中应用广泛[118]。

以某个多属性决策问题为例,设有 r 个评价对象,m 个评价指标,对于原始数据矩阵 A,$A = (a_{ij})_{r \times m}$,$a_{ij}$ 表示第 i 个评价对象的第 j 个指标评价值,则应用熵权法的步骤如下:

步骤 1 对原始数据矩阵 A 同质化处理,得到数据矩阵 B,即

$$B = (b_{ij})_{r \times m}, \quad i = 1, 2, \cdots, r; j = 1, 2, \cdots, m \qquad (2\text{-}8)$$

步骤 2 将数据矩阵 B 的列归一化,得到数据矩阵 C,即

$$C = (c_{ij})_{r \times m}, c_{ij} = \frac{b_{ij}}{\sum_{i=1}^{r} b_{ij}}, \quad \sum c_{ij} = 1, i = 1, 2, \cdots, r; j = 1, 2, \cdots, m \qquad (2\text{-}9)$$

步骤 3 计算第 j 个评价指标的输出熵值,即

$$e_j = -\frac{1}{\ln r} \sum_{i=1}^{r} c_{ij} \ln c_{ij}, \quad 0 \leqslant e_j \leqslant 1, j = 1, 2, \cdots, m \qquad (2\text{-}10)$$

注 若 $c_{ij} = 0$,则令 $c_{ij} \ln c_{ij} = 0$。

步骤 4 计算各评价指标的权系数,即

$$w_j = \frac{1 - e_j}{m - \sum_{j=1}^{m} e_j}, \quad j = 1, 2, \cdots, m \qquad (2\text{-}11)$$

2.5 过度自信理论

Hilary[119]的文献综述涵盖了 350 篇描述过度自信(overconfidence)的文章。他们定义了三种形式的过度自信:过高估计、过高定位和过度精确。在个人认知方面,Weinstein[120]研究发现,人们期望程度、接受概率、个人经验、感知可控性等程度越高时,越是趋向于过高估计自身的知识和能力水平。Fischhoff[121]认为,人们对自己的信息判断有足够的信心,总是趋向于过高估计其所掌握信息的精确性。在企业管理方面,Plous[122]指出,过度自信是决策中最普遍、最糟糕的行为。基于过度自信的经营决策主要考虑决策者(制造商、分销商或供应商)过于自信时的订货决策,并讨论了削弱过度自信负面影响的激励契约。比如 Jiang 等对两层 Stackelberg 博弈的分析,得到了零售商在资本约束下的订单量、过度自信供应商

的批发价格和银行的贷款价值比,并分析了过度自信对决策变量的影响[123]。智能制造转型升级过程中,主制造商产生过度自信的原因很多,其中对其智能制造能力成熟度水平的认知偏差是一个主要方面。这种思想上的理解偏差在现实中往往表现为过度自信,即对智能制造建设的投入效果盲目乐观,形成与实际生产制造能力不符的过度自信效应。由于智能制造供应商审查资质情况不清晰,主制造商往往对其智能制造现有水平产生过度自信,基于这种过度自信的运营决策有损智能制造供应链协同效率和其他供应商成员利润。因此,本书基于智能制造能力成熟度理论构建指标体系,运用 t-分布随机邻域嵌入(t-distributed stochastic neighbor embedding,t-SNE)算法对主制造商进行训练,以判定智能制造企业过度自信程度,研究过度自信对供应链的具体影响。

2.6 博弈论

面临供应链风险时,供应链成员会采取激励措施应对风险带来的负面影响。激励是指具有不需要外界奖励或惩罚作为激励手段,能为设定的目标自我努力工作的一种心理特征[124]。供应商激励[125]是指供应商自身利于实现设定目标的能力,智能制造下供应链会随着供应商激励能力增强而增强,供应商激励程度高,可以化解风险带来的影响,创造性地完成任务,提高供应链利润;若激励程度低,则会对供应链利润产生消极的影响。

目前很多供应商激励研究是基于 Stackelberg 博弈模型来研究供应链效率利润。Stackelberg 博弈是一个两阶段完全动态信息博弈。其主要思想是:博弈双方都是根据对方可能的策略来选择自己的策略以保证自己在对方策略下的利益最大化,从而达到纳什均衡。Simaan 等研究了静态和动态情况下非零和二人博弈中 Stackelberg 解的性质,推导了其存在的充要条件。在动态博弈的情况下,线性二次问题在希尔伯特空间设置中被制定和解决。作为特例,对非零和线性二次微分博弈进行了详细处理,并根据类 Riccati 矩阵微分方程得到了开环 Stackelberg 解,其结果应用于一个简单的非零和追逃问题[126]。Leitmann 对非零和二人博弈的 Stackelberg 策略概念进行了扩展,以允许追随者的非唯一"理性"反应,发展了领导者的广义 Stackelberg 策略的概念,无论追随者的"理性"反应如何,都能保证成本值不能被超过。最后将广义 Stackelberg 策略和策略对应的想法应用于一个领导者和许多"理性"追随者情况的案例[127]。Guzman 等在静态博弈中,使用线性程序在均衡中表征(随机)检查路径;在动态博弈中,使用反向归纳来确定均衡中的检查路径[128]。

在智能制造供应链中,主制造商对供应商进行激励可使用 Stackelberg 博弈得出最优决策[129]。本书通过建立 Stackelberg 博弈模型,提出假设,判断考虑过度自信和随机产出风险的 IMS(intelligent manufacturing system)激励效果,论证激励策略的有效性,为决策者提供参考意见。

2.7 BP 神经网络

2.7.1 BP 神经网络的基本介绍

神经网络最基本的成分是神经元,神经元与其他神经元相连,完成神经元之间的信息传递。当前神经元接收到 n 个带权重的输入信号,神经元接收到的总输入与阈值 θ 进行比较,然后通过激活函数处理、计算得出输出值,常见的激活函数有 Sigmoid、Tanh 和 Relu 等[130]。

传统的 BP 神经网络利用误差反向传播算法对网络进行训练,误差反向传播算法包括信息的正向传播和误差的反向传播,通过误差的反向传播对其网络结构中的权值与阈值进行更新,使误差变小,不断迭代,直到误差小于给定期望值时停止[131]。算法流程如图 2-2 所示。

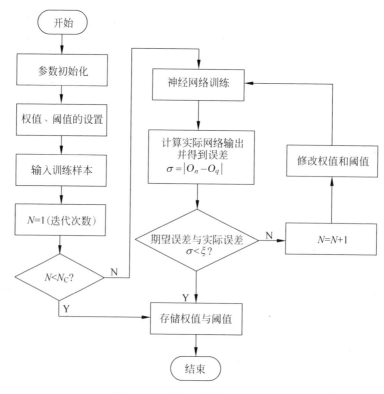

图 2-2 BP 神经网络算法流程图

BP 算法主要就是对网络中的权值与阈值参数进行更新，具体更新过程如下：

假设给定训练集 $D=\{(x_i,y_j)|i=1,2,\cdots,d;j=1,2,\cdots,l\}, x_i \in \mathbb{R}, y_j \in \mathbb{R}$。为了便于公式的推导，给出图 2-3 进行说明。其中，隐藏层第 h 个神经元的阈值用 γ_h 表示，输出层第 j 个神经元的阈值用 θ_j 表示，第 h 个隐藏层神经元接收到的输入为 α_h，第 j 个输出层神经元接收到的输入为 β_j，激活函数都使用 Sigmoid 函数。

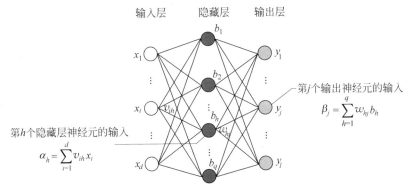

图 2-3　神经网络结构图

假设神经网络的输出为向量 $\hat{y}_k=(\hat{y}_1,\hat{y}_2,\cdots,\hat{y}_l)$，即

$$\hat{y}_j = f(\beta_j - \theta_j) \tag{2-12}$$

则均方误差为

$$E_k = \frac{1}{2}\sum_{j=1}^{l}(\hat{y}_j - y_j)^2 \tag{2-13}$$

任意参数更新估计式为

$$v = v + \Delta v \tag{2-14}$$

因 BP 算法是基于梯度下降策略的，以目标的负梯度方向对参数进行调整，对于均方误差 E_k，给定学习率为 η，有

$$\Delta w_{hj} = -\eta \frac{\partial E_k}{\partial w_{hj}} \tag{2-15}$$

运用链式求导法则，有

$$\frac{\partial E_k}{\partial w_{hj}} = \frac{\partial E_k}{\partial \hat{y}_j} \cdot \frac{\partial \hat{y}_j}{\partial \beta_j} \cdot \frac{\partial \beta_j}{\partial w_{hj}} \tag{2-16}$$

根据 β_j 的定义，结合式(2-9)、式(2-10)和 Sigmoid 函数的性质可得

$$\Delta w_{hj} = \eta g_i b_h \tag{2-17}$$

其中，$g_i = -\frac{\partial E_k}{\partial \hat{y}_j} \cdot \frac{\partial \hat{y}_j}{\partial \beta_j} = \hat{y}_j(1-\hat{y}_j)(y_j - \hat{y}_j)$。

同理可得

$$\Delta \theta_j = -\eta g_i \tag{2-18}$$

2.7.2 BP 神经网络的优缺点

1. BP 神经网络的优点

1）自学习和自适应能力

BP 神经网络在训练时，能够通过学习自动提取输出、输出数据间的"合理规则"，并自适应地将学习内容记忆于网络的权值中，具有高度自学习和自适应能力。

2）泛化能力

所谓泛化能力是指在设计模式分类器时，既要考虑网络在保证对所需分类对象进行正确分类，还要关心网络在经过训练后，能否对未见过的模式或有噪声污染的模式，进行正确的分类。这可理解为 BP 神经网络具有将学习成果应用于新知识的能力。

3）非线性映射能力

BP 神经网络实质上实现了一个从输入到输出的映射功能，数学理论证明三层的神经网络就能够以任意精度逼近任何非线性连续函数。这使得其特别适合于求解内部机制复杂的问题，即 BP 神经网络具有较强的非线性映射能力。

4）容错能力

BP 神经网络在其局部的或者部分的神经元受到破坏后对全局的训练结果不会造成很大的影响，也就是说即使系统在受到局部损伤时还是可以正常工作的。即 BP 神经网络具有一定的容错能力。

2. BP 神经网络的缺点

1）易陷入局部极小值

从数学角度看，传统的 BP 神经网络为一种局部搜索的优化方法，它要解决的是一个复杂非线性化问题，网络的权值是通过沿局部改善的方向逐渐进行调整的，这样会使算法陷入局部极值，权值收敛到局部极小点，从而导致网络训练失败。加上 BP 神经网络对初始网络权重非常敏感，以不同的权重初始化网络，其往往会收敛于不同的局部极小值，这也是很多学者每次训练得到不同结果的根本原因。

2）收敛速度慢

由于 BP 神经网络算法本质上为梯度下降法，它所要优化的目标函数是非常复杂的，因此，必然会出现"锯齿形现象"，这使得 BP 算法低效；又由于优化的目标函数很复杂，它必然会在神经元输出接近 0 或 1 的情况下，出现一些平坦区，在这些区域内，权值误差改变很小，使训练过程几乎停顿；BP 神经网络模型中，为了使网络执行 BP 算法，不能使用传统的一维搜索法求每次迭代的步长，而必须把步长的更新规则预先赋予网络，这种方法也会引起算法低效。以上几种原因导致 BP 神经网络算法表现出收敛速度慢的现象。

3）结构选择不一

BP 神经网络结构的选择至今尚无一种统一而完整的理论指导，一般只能由经验选定。网络结构选择过大,训练中效率不高,可能出现过拟合现象,造成网络性能低,容错性下降,若选择过小,则又会造成网络可能不收敛。而网络的结构直接影响网络的逼近能力及推广性质。因此,应用中如何选择合适的网络结构是一个重要的问题。

4）样本依赖

BP 神经网络模型的训练需要大量的训练样本,小样本数据网络不能够学习到其中的规律,准确率存在问题。

针对传统 BP 神经网络易陷入局部极小值的缺点,有必要对其进行优化。本书将采用改进的 FASSA 算法和粒子群算法对传统 BP 神经网络进行优化,开展智能制造能力成熟度评价和智能制造供应商评价研究。

2.8　最小二乘结构方程模型

最小二乘结构方程模型(PLS-SEM)是一种在小样本量下估计具有大量潜在变量和指标的模型[132]。对于复杂模型,PLS-SEM 通过直接估计潜在变量分数来确保因素确定性,通过引入灵活的残差协方差结构进行因素识别,在小样本量、不对称分布和相互依赖观察的背景下进行稳健预测[133-134]。随着智能制造研究的发展,层次分析方法（AHP）、模糊综合评价法等研究方法被广泛采用于供应商评价,但是这些方法缺少对供应商风险的预测,本书通过将可观测的风险影响因素作为中介,基于 PLS-SEM 构建 IMS 评价模型来解决风险难以直接测量的问题。

PLS-SEM 主要具有以下优点：①PLS-SEM 不要求指数数据服从正态分布,样本量较小,分析准确,PLS-SEM 样本量仅为 30～100；②PLS-SEM 渗透了多元线性回归、主成分分析、相关分析等统计科学方法,能够合理有效地分析预测各因素对 IMS 风险评价模型的影响[138]；③PLS-SEM 能较好地处理多重共线性的问题,能够很好地解释变量之间的相关关系,能够保证不同因素具有不同的解释内涵。

关于 PLS 的创新研究主要集中在理论创新和应用创新。其中,针对 PLS 理论创新的研究主要有：Wetzels 等[136]在研究中将 PLS-SEM 变成复杂建模 CB-SEM 方法[137,139]的替代品。相较于传统的 CB-SEM,PLS-SEM 不仅可以解决模型收敛问题还可做新模型或者理论可行性探讨式研究,PLS-SEM 通过提供稳健的解决方案来验证大层次模型[132],更适合于复杂的设置。

针对 PLS 应用创新的研究主要有：程慧平等[140]将 PLS-SEM 方法系统地应用在酒店研究及其未来应用中；李德显等[141]为加深对环境供应商发展的理解,提高环境性能而向制造商发展供应商,并建立了一个 PLS-SEM,同时检验了测量模型和结构模型的信度和效度；Hair 等[142]分析会计标准对未来管理会计研究发展的重要性程度；Hair 等[143]使用美国顾客满意度指标体系建立移动出行的顾客满意度 PLS-SEM 评估模型，并通过 PLS-SEM 得到顾客满意度的定量评价，进一步理解最终顾客满意情况。本书通过利用 PLS-SEM 方法来评价智能制造供应商风险，为智能制造企业选择优质 IMS 提供有益参考，推动制造企业数字化、网络化向智能化阶段的转型升级，同时也拓展了 PLS-SEM 方法的应用领域。

2.9 Shapley 值法

近年来，有关供应链收益分配的研究已取得了丰硕的学术成果，出于问题的复杂性考虑，国内外学者们普遍以双主体、两阶段的供应系统为研究对象，结合不同的情境对所选取的博弈论模型引入各类契约，实现对供应链中主体收益的协调。随着研究主体数量的增加，模型的复杂度会进一步提升。在解决多主体之间合作收益分配的问题上，其中最具影响力的当属 1953 年著名对策论专家 Shapley 教授所提出的 Shapley 值法[144]。

Shapley 值法贯彻"非平均主义"的收益分配原则，依据联盟成员对联盟的边际贡献分配收益，即联盟中某成员实际所获得的收益与其为所属联盟创造的边际收益的平均值等价。该方法不仅反映了联盟成员对联盟总体价值产出的付出水平，同时也呈现了集体目标下个体之间的相互博弈过程，相比其他任何一种单方面考虑资源配置效率或投入价值以及二者相融合的收益分配办法，都更具科学性、合理性和公平性[145]。

根据 Shapley 值法模型的原理做出如下定义：假设联盟由 n 个参与方构成，用集合 $I=\{1,2,\cdots,n\}$ 表示，若对于集合 I 的任意子集 $S(S\subseteq I)$ 都有一个代表收益值的实值函数 $V(S)$ 与之对应，则将 $[I,V]$ 称作 n 人合作对策，V 为对策的特征函数，它满足

$$V(\varnothing)=0 \tag{2-19}$$

$$V(S_1 \cup S_2) \geqslant V(S_1)+V(S_2), \quad S_1 \cup S_2 \neq \varnothing \tag{2-20}$$

式(2-19)表示倘若各方主体均不参与项目的合作，则收益为零；式(2-20)表示联盟的整体收益不低于各参与方单独行动时的收益累加。利用 Shapley 值法确定联盟的收益分配方案时，要同时满足个体理性和集体理性准则，如式(2-21)和式(2-22)所示：

$$\pi_i \geqslant V(i), \quad i=1,2,\cdots,n \tag{2-21}$$

$$\sum_{i=1}^{n}\pi_i = V(I) \tag{2-22}$$

其中，$V(i)$ 表示参与方 i 不加入联盟的情形下所获得的收益；$V(I)$ 表示参与方 i 在联盟所能获得的最大收益中得到的分配；π_i 表示参与方 i 加入最大联盟时所获得的收益。由此可知，联盟中的参与方 i 所获收益的 Shapley 值为

$$\pi_i = \sum W(|S|)[V(S) - V(S\setminus\{i\})], \quad i = 1,2,\cdots,n \tag{2-23}$$

$$W(|S|) = \frac{(|S|-1)!\ (n-|S|)!}{n!} \tag{2-24}$$

其中,$|S|$表示联盟的规模,即参与方的个数;$W(|S|)$为用于收益分配的权重;$V(S)$表示联盟S的收益;$V(S\setminus\{i\})$表示联盟S去除参与方i后,剩余参与方所构成联盟的收益;$V(S)-V(S\setminus\{i\})$是参与方i对其所参与的联盟S做出的贡献。

假设集合I中的参与方i以随机组合的方式构成联盟,则共有$(|S|-1)!(n-|S|)!$种可能出现的情况,每种情况发生的概率为$[(|S|-1)!(n-|S|)!]/n!$,此时参与方i对联盟贡献的边界贡献的差异值即为Shapley值。

2.10 t-SNE 算法

t-SNE算法是Maaten[146]在2008年提出的,其前身是Hinton[147]在2002年提出的SNE算法,因为SNE算法损失函数为KL散度并且衡量映射近邻的方式是高斯分布,会造成映射概率的非对称性和拥堵问题,所以引入t分布来解决拥堵问题。t-SNE算法是一种嵌入模型,能够将高维空间中的数据映射到低维空间中,并保留数据集的局部特性,主要用于高维数据的降维和可视化。与其他降维算法相比,t-SNE算法创建了一个缩小的特征空间,相似的样本由附近的点建模,不相似的样本由高概率的远点建模。在高水平上,t-SNE算法为高维样本构建了一个概率分布,相似的样本被选中的可能性很高,而不同的点被选中的可能性极小。然后,t-SNE算法为低维嵌入中的点定义了相似的分布。最后,t-SNE算法最小化了两个分布之间关于嵌入点位置的Kullback-Leibler(KL)散度。

基于非凸优化的启发式算法已成为广泛应用中可视化的标准。这项工作为数据可视化问题提供了一个正式的框架——找到可聚类数据的二维嵌入,从而正确地分离单个聚类,使其在视觉上可识别,在自然、确定性条件下的t-SNE算法性能进行了严格分析。这些是t-SNE算法构建良好数据可视化的可证明保证。Arora等[148]证明了确定性条件被相当普遍的概率生成模型所满足,这些模型适用于可聚类数据,例如分离良好的对数凹分布的混合物,最后给出了理论证据,证明t-SNE算法即使在不满足上述确定性条件的情况下,也能成功地可视化。

经典的降维数据处理方法包括回归分析[149]、主成分分析(principal component analysis,PCA)[150]、相关性分析[151]等。但是传统的降维数据处理算法只能反映整体相关性,忽略了各部分之间的关系。t-SNE算法利用高维和低维的联合概率,可以有效地解决优化困难和维度拥挤问题,使降维后的数据能够更好地保持原有流行结构[152]。Althuwaynee等[153]基于空间聚类模式分析滑坡、无滑坡、脆弱边坡和未标记特征的清单,然后使用t-SNE算法进行降维。Kobak等[154]第一次使用t-SNE算法帮助确定原始地下水地球化学数据的聚类数和聚类成员数。Canzar[155]

使用 t-SNE 和 UMAP(uniform manifold approximation and projection)等降维技术对分析生成的高维数据进行可视化[155]。

此外,t-SNE 算法可以融合主成分分析法的优点,更好地对数据进行降维和可视化。本书运用 t-SNE 算法准确判定主制造商对自身智能制造能力的偏差程度,从而聚类可视化主制造商的过度自信程度,为开展考虑过度自信的 IMS 激励研究奠定了基础。

2.11　本章小结

开展智能制造供应商管理研究需要相关理论和方法的支撑。本章详细介绍了书中用到的基础理论,例如供应商管理理论、复杂网络理论、系统理论、熵理论、过度自信理论、博弈论等。其中,课题组成员借鉴已有的分类思想,对供应商分类管理理论进行了完善,从绩效表现和战略潜力两个维度提出一种新的分类方法,将智能制造企业供应商分为战略型供应商、效率型供应商和问题型供应商三个一级类别,并给出了二级类别的细分和相关定义。此外还介绍了本书用到的技术和方法,具体包括 BP 神经网络、PLS-SEM、Shapley 值法、t-SNE 算法等,为读者对后续内容的理解提供了参考。

第3章

智能制造背景下基于复杂网络的供应商效率评价

在智能制造背景下,核心制造企业拥有数量庞大的供应商,这些供应商作为节点企业形成了复杂供应商网络。为有效区分主制造商和供应商,需要对复杂供应商网络的定义、内外部特征和节点分类方式进行分析。

3.1 复杂供应商网络

3.1.1 复杂供应商网络定义

复杂供应商网络概念的提出是建立在对复杂供应链网络简化的基础上的。众所周知,一条结构和功能完整的供应链,通常由主制造商、供应商、分销商、零售商以及最终消费群体五要素所构成。从价值链的角度分析,生产经营活动中产品价值的增值依靠供应链的多层级传递行为达成,其中包括多个制造与供应环节,与仅在销售端占有些许份额的零售商和分销商相比较,供应链中的供应商和主制造商具有绝对的数量优势[156]。

鉴于此,对复杂供应链网络削减一定数量的分销模块节点不会对网络整体的形态和功能产生影响,通过剔除分销商、零售商和顾客,本书内容将在复杂供应商网络的架构下展开。类比供应商网络的定义可知,复杂供应商网络即是围绕主制造商,建立在与多个供应商之间确立紧密协作关系的基础上,具有复杂网络特性的供应体系[157]。

3.1.2　复杂供应商网络特征分析

1. 复杂供应商网络外部特征

结合复杂网络的相关性质,总结得到复杂供应商网络外部特征如下:

(1) 较短特征路径及小世界。得益于科技的进步,智能信息技术为世界经济与贸易提供便利,不同地理位置的企业能够突破空间的束缚,实现信息的互联以及产品的交易,具有较短的特征路径长度。主制造商的纽带作用为供应商之间的协作搭建了桥梁,使得供应商网络在结构上显现局部集团化的现象,具有显著的小世界特性[158]。

(2) 无标度。受节点择优连接的演化方式影响,复杂供应商网络具有马太效应,在度分布上伴有幂律分布的统计特征,幂指数普遍在2~3的数值范围内,学术上将这类复杂网络命名为无标度网络。无标度网络中的节点具有异质性,连接不服从均匀分布,多数节点只有少量的连接,度值很低;但存在少数对整体网络的运行和维持起支撑作用的关键节点(hub节点)与众多节点相关联,度值极高[159]。

(3) 自相似。复杂供应商网络是高度非线性的,在结构上具备跨越不同尺度的特征[160],其局部性状与整体性状相类似,局部中镶嵌着类似的局部,持续叠加、层级累进,不但具有严格的几何相似性,还包括大量统计数据呈现出的自相似性。

2. 复杂供应商网络内部特征

复杂供应商网络除在结构和形态方面拥有多重复杂特性外,还具备以下内部特征:

(1) 适配性。适配是一种关系的交互过程,体现在复杂供应商网络的构建和协同方面。以主制造商为核心的供应商网络内部成员的相互选择和相互信任是产生增值协同效益的基础,针对产品制造进程中的原材料采购和供应环节,主制造商主动、自发地对下属供应商网络成员采取激励措施,协调并控制供应商网络的发展。

(2) 嵌入式发展。近年来,组织间的发展模式由单向、僵化的供应链管理向灵活、动态的价值网络协同模式转变,构建柔性价值网成为共识。在经济效益产出良好的供应商网络中,主制造商与供应商之间形成持续的嵌入式联系,每当出现新的消费需求,网络成员以订单为中心快速聚合并协同参与价值创造。良好的嵌入式关系可以增进网络成员间的整体感和信任感、促进信息的范围化共享和问题的及时反馈、实现物料供应与生产环节的高度协同,是主制造商从容应对市场变化、抢占市场先机的重要门径。

(3) 协同演化。从网络演化的角度来看,企业间的相互作用往往以非随机的组织形式展开。随着成员企业的不断加入,网络规模随之扩大,大型企业的身份和其潜在的社会资源吸引网络中的新生企业与之建立合作关系。由此在网络中逐步出现了少数却伴有大量合作者的大型企业和多数仅伴有少量合作者的中小型企业,形成以主制造商为核心的设计、生产、加工、销售、储运以及服务等环节的产品价值链[161-162]。

(4) 自适应性。复杂供应商网络对于外部环境的波动具备敏锐的感知,当外部环境发生变化时,网络自身能够根据刺激的强度适时、自发地做出内部细化结构的调整,通过对环境的快速适应使得网络在整体结构上保持相对稳定,从而顺利抵御和过渡风险,呈现高度的动态性、伸缩性和自适应性特点[160]。

3.1.3 复杂供应商网络角色划分

经济全球化拉近了世界贸易的距离,无形中也加剧了企业之间的角色重叠和关系复杂度,同一企业在供应链中或充当着不同的角色,如制造企业在专注生产的同时也承担着供应商的供给职能。为克服主制造商和供应商之间角色混叠对研究的影响,需要对网络庞大节点群中的主制造商利用参数进行识别。

1. 网络模块连通度计算

网络模块化是一种实用且处于持续探索中的研究方法,近年来受到生态学领域专家和学者们的广泛关注。Olesen 等[163]发现植物和传粉昆虫的网络普遍是模块化的,模块的数量和大小随物种数量的增加而增加,但其中只有15%的物种会对网络的结构稳定产生决定性影响。Shi 等[164]在野燕麦根际微生物共发生网络中借助模块化的方法寻找微生物种群,认为网络复杂性是根际微生物群落的一个重要且未被认知的维度。

与生态网络相类似,在复杂供应商网络中,主制造商下辖多个供应商,聚集形成大小、形态和功能差异化的网络模块。网络模块作为网络中高度连接的区域,能够反映企业所处行业背景的异质性、主制造商择优选择机制下的供应商特征、生态位的重叠以及网络成员的协同共生等情况,是具备一定规模、能力和成熟度的独立单元。

结合网络节点的分布特点,学者们开展了相应研究并取得了一定成果。对于复杂网络而言,不同网络模块内部节点的组织方式是有区别的,总体可分为离散和集中两种类型。离散型是指模块内部节点的连接较为均匀,每个节点到其所属模块中其他节点的链路数相同或差别较小;集中型是指单个或少量的几个节点能够与模块中的余下全部节点相连接。在复杂供应商网络中,主制造商与供应商之间的匹配表现为明显的一对多的数量关系,故以主制造商为核心的各网络模块内部节点的连接方式更倾向于集中型。Guimerà 等[165]认为上述结论表征节点具有特定的模块内相对连通性,提出借助模块内连通度 Z_i 这个通用指标对模块内部节点的组织方式进行判别,其表达式如下:

$$Z_i = \frac{K_i - \bar{K}_i}{\sigma_{K_i}} \tag{3-1}$$

其中,K_i 是网络中的任意节点 i 到其所属模块 M 中其他节点的链路数;$\bar{K}_i$ 是 K_i

的均值；σ_{K_i} 是 K_i 的标准差。模块内连通度反映了节点 i 对于其所属模块 M 的重要程度，但并不能很好地呈现该节点对于网络整体的重要性。

设想两个具有相同模块内连通度的节点，其中一个连接了其他模块中的多个节点，另一个保持原有的连通状态不变，则它们的网络地位将会因此而发生变化。为合理地描述节点的选择连接行为，需在此基础上进一步引入模块间连通度 E_i 的概念：

$$E_i = 1 - \sum_{g=1}^{N_M} \left(\frac{K_{M_g}}{k_i} \right)^2 \tag{3-2}$$

其中，k_i 是节点 i 的度值；K_{M_g} 是节点 i 到模块 M_g 中节点的链路数；N_M 为模块总数。

由式(3-2)的实际意义可知，在复杂网络中，倘若一个节点的链路均匀分布在网络的所有模块内，则该节点的模块间连通度趋近于 1；而如果一个节点的所有链路均存在于其自身所属模块，则该节点的模块间连通度趋近于 0。

2. 主制造商识别

Deng 等[166]依据网络拓扑特征将节点属性划分为四种类型，满足定义如下：模块中心点（module hubs，模块内部高度连通节点，$Z_i > 2.5, E_i < 0.62$）；连接节点（connectors，两个模块之间高度连通节点，$Z_i < 2.5, E_i > 0.62$）；网络中心点（networks hubs，网络内部高度连通节点，$Z_i > 2.5, E_i > 0.62$）；外围节点（peripherals，模块内部和模块之间均不具备高连通度的节点，$Z_i < 2.5, E_i < 0.62$）。

如图 3-1 所示，外围节点虽仅占四种节点类型中的一种，但其数量是十分可观的，微生物学界通常将除外围节点外的其余三种类型的节点认定为关键节点。这与复杂供应商网络的无标度结构特征以及在此基础上形成的节点分类方式完全一致。

图 3-1　网络节点属性分类图（见文后彩图）

从网络稳定性的角度来看,关键节点在网络中往往扮演着关系枢纽和模块连接者的角色,该类型节点的缺失可能会直接引发模块的分解甚至网络的级联崩溃,在维持网络结构稳定性方面意义重大,其本身具有不可替代性。从实际意义来看,以主制造商为核心的供应商网络满足一对多的关系比例,同时网络内部的供应商之间普遍无供需关系。因此,将主制造商和供应商分别视为网络中的关键节点和外围节点,并利用网络模块连通性准则来对二者进行区分的理由是充分且合理的。

本节沿用了生态网络中寻找关键物种的方法,利用网络模块化相关参数识别复杂供应商网络中的主制造商。基于模块内连通度和模块间连通度,可以有效地区分复杂供应商网络庞大节点群中的主制造商和供应商,从而对后续章节研究视角从宏观向微观转换以及网络协同效率评价模型的构建起到重要的铺垫作用,同时避免了后续因网络角色混叠导致的协同熵值重复计算对研究准确性产生的影响。

3.2 复杂供应商网络建模思想

随着企业进入信息时代,在全球动态市场中,高度分布式供应网络的决策变得越加复杂[167]。复杂供应商网络是由大量动态交互元素组成的具有适应性特征的复杂系统实体,而复杂适应系统本身可视为一个自身拓扑结构随时间发生非线性和异构变化的动态元素网络[160]。智能制造背景下,复杂供应商网络与中国工业经济的发展紧密联系、息息相关,是一个由不同主体、平台和要素所组成的集成体系。对于复杂供应商网络协同问题的研究,既要从宏观上把控其结构特点、性能和整体优势,也要在微观上对其内部特征和协同机制深入剖析。对比复杂供应商网络和复杂适应系统,不难发现两者特征的契合度极高,故以复杂适应系统视角探究复杂供应商网络的协同效率具有合理性。

以复杂供应商网络跨越不同尺度的结构特征为切入点,结合前文提到的网络模块化方法,将宏观的复杂供应商网络切割拆分多个为以局部网络中的主制造商为顶点、伴随供应商环绕的微观子网络,每个子网络中包含一个主制造商和若干供应商。因系统是一个具有特定性质、功能和目标的有机整体,由相互影响、互相依存的多个部分所构成,故可将复杂供应商网络视作复杂系统,各微观子网络为其子系统[156]。为了更好地传达基于复杂适应系统理论建模的思想,研究对原有 Echarts 商业图表演示代码做出适当改进,对节点数为 10000 的复杂网络进行随机的局部框取,绘制复杂供应商网络拆分示意图,如图 3-2 所示。

考虑到经切割拆分得到的子系统其内部节点分布不均匀,为获得简明、直观的子系统结构模型,需做如下处理:定义 hub 节点为主制造商,将位于 hub 节点附近、代表供应商的节点转动、牵引至 hub 节点下方,使隶属于不同供应层级的节点在结构模型中的位置相对统一;在此基础上,将规范排列后的节点与 hub 节点置

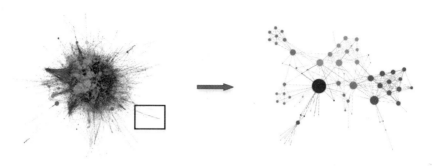

图 3-2　复杂供应商网络拆分示意图(见文后彩图)

于同一平面内,实现子系统结构模型由三维立体结构向二维平面结构的过渡。

经上述简化步骤得到子系统结构模型,该模型本质上是以主制造商为核心且具有层级划分的平面化多级供应商网络,网络成员的数量随供应链的延伸而不断递增。虽不排除供应链上下层级之间为单一供需关系,但就商品的实际产出流程而言,买方和卖方的数量关系普遍呈现一对多的不对等情形,故子系统结构模型在总体上仍遵循正金字塔型排布。此外,子系统在结构上具备自相似的特征,表现为部分与整体在性质、功能和形态方面高度相仿,层级间不断重复构成分形图,如图 3-3 所示。

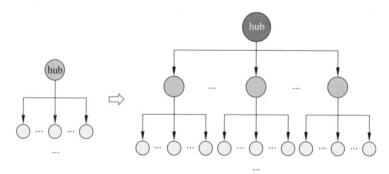

图 3-3　子系统自相似结构特征图

考虑到一个完整产品制造过程是一个复杂的多层级联动行为,且有研究表明在扩展的供应商网络中与该供应商有业务往来的其他企业可能会影响该供应商的效率,故站在主制造商的角度,对于供应链延伸的二级乃至三级供应商的协同状况进行一定的了解是必要的。因各层级供应商之间的协同度量方法类似,介于篇幅的限制,仅截取从子系统顶端出发的前三供应层级进行具体的协同熵值求解及协同效率评价。

对子系统结构模型命名为"根-枝-叶(root-branch-leaf,BRL)结构模型",将节点自上而下按照所处层级依次对其命名为:根节点制造商(root-node manufacturer,RM)、枝节点供应商(branch-node supplier, BS)和叶节点供应商(leaf-node supplier,

LS),分别对应主制造商、一级供应商和二级供应商,如图 3-4 所示。

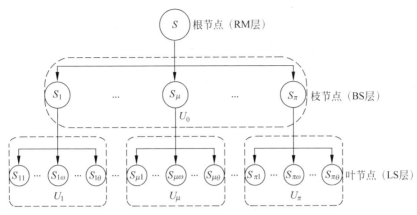

图 3-4　根-枝-叶结构模型(RBL 模型)

设 BS 层供应商数量为 π,S_μ 为 BS 层的第 μ 个供应商,记 BS 层供应商所构成的供应商单元为 U_0;设 LS 层供应商数量为 ε,$S_{\mu\omega}$ 是 S_μ 的下级供应商,记 $S_{\mu\omega}$ 所构成的供应商单元为 U_μ,则 $U_0=\{S_1,S_2,\cdots,S_\mu,\cdots,S_\pi\}$,$U_\mu=\{S_{\mu 1},S_{\mu 2},\cdots,S_{\mu\omega},\cdots,S_{\mu\theta}\}$;$U_k=\{U_0,U_\mu\}$,$\sum_{\mu=1}^{\pi}\sum_{\omega=1}^{\theta}S_{\mu\omega}=\varepsilon$。

3.3　复杂供应商网络协同熵值度量

在现实世界中,环境的影响是随机的,系统内元素受到系统状态的影响也是随机的。由于组织结构复杂、外部环境多变,相对封闭的系统演化存在很强的不确定性和混沌,继而引发系统有效能量递减、无效能量逐增,伴随这一过程,系统管理效率降低,从有序走向无序状态[168]。耗散结构理论表明,远离平衡态的开放系统通过与外界环境进行往复的物质、信息和能量的交换,使负熵流入对冲系统内,组织得以实现由无序向有序的演化,从而诞生新的平衡状态[169]。

复杂供应商网络是在主制造商与供应商的双向选择过程中形成的,这一动态过程始终伴随着以物质能量和信息交换为媒介的新成员加入和旧成员退出的人员更替行为。换言之,复杂供应商网络的演化本质上是一个系统熵增和熵减的平衡建立过程,以协同熵作为量化工具能够恰当地描述子系统结构模型中成员的协同交互行为,故本书将多用于企业管理业务协作效率度量[170]的协同熵函数推广至复杂供应商网络,并依据"协同熵值大业务协作绩效劣,协同熵值小业务协作绩效优"的标准对结果进行评价。

假设供应商子系统内含有 θ 个供应商,下标 c 代表协同状态(coordination),下标 d 代表非协同状态(dependence),子系统协同熵值的计算步骤如下:

步骤 1　在供应商单元 U_μ 内,$L_{\mu\omega c}$ 和 $L_{\mu\omega d}$ 分别表示在考虑自协同的情况下,

与第 ω 个供应商之间呈现协同或非协同状态的供应商个数，$L_{\mu\omega}$ 为供应商单元 U_μ 内的供应商总数，有 $L_{\mu\omega}=L_{\mu\omega c}+L_{\mu\omega d}$。由此，可得到 LS 层供应商的协同熵值为

$$H_{\mu\omega c}(S_{\mu\omega})=-\frac{L_{\mu\omega c}}{L_{\mu\omega}}\log_{10}\frac{L_{\mu\omega c}}{L_{\mu\omega}} \tag{3-3}$$

$$H_{\mu\omega d}(S_{\mu\omega})=-\frac{L_{\mu\omega d}}{L_{\mu\omega}}\log_{10}\frac{L_{\mu\omega d}}{L_{\mu\omega}} \tag{3-4}$$

令下标"I"指代"内部"，从而供应商 S_μ 的内部协同总熵值为

$$H_{\mathrm{I}\mu c}(S_\mu)=\sum_{\omega=1}^{\theta}H_{\mu\omega c}(S_{\mu\omega})=-\sum_{\omega=1}^{\theta}\frac{L_{\mu\omega c}}{L_{\mu\omega}}\log_{10}\frac{L_{\mu\omega c}}{L_{\mu\omega}} \tag{3-5}$$

$$H_{\mathrm{I}\mu d}(S_\mu)=\sum_{\omega=1}^{\theta}H_{\mu\omega d}(S_{\mu\omega})=-\sum_{\omega=1}^{\theta}\frac{L_{\mu\omega d}}{L_{\mu\omega}}\log_{10}\frac{L_{\mu\omega d}}{L_{\mu\omega}} \tag{3-6}$$

步骤 2 在供应商单元 U_0 内，$B_{\mu c}$ 和 $B_{\mu d}$ 分别表示在考虑自协同的情况下，与第 μ 个供应商之间呈现协同或非协同状态的供应商个数，用 π 表示 BS 层内供应商个数，则 $\pi=B_{\mu c}+B_{\mu d}$，令下标"O"指代"外部"，可得到 BS 层供应商的外部协同熵值为

$$H_{\mathrm{O}\mu c}(S_\mu)=-\frac{B_{\mu c}}{\pi}\log_{10}\frac{B_{\mu c}}{\pi} \tag{3-7}$$

$$H_{\mathrm{O}\mu d}(S_\mu)=-\frac{B_{\mu d}}{\pi}\log_{10}\frac{B_{\mu d}}{\pi} \tag{3-8}$$

BS 层供应商的协同熵值为

$$\begin{aligned}H_{\mu c}(S_\mu)&=H_{\mathrm{I}\mu c}(S_\mu)+H_{\mathrm{O}\mu c}(S_\mu)\\&=\sum_{\omega=1}^{\theta}H_{\mu\omega c}(S_{\mu\omega})+H_{\mathrm{O}\mu c}(S_\mu)=-\sum_{\omega=1}^{\theta}\frac{L_{\mu\omega c}}{L_{\mu\omega}}\log_{10}\frac{L_{\mu\omega c}}{L_{\mu\omega}}-\frac{B_{\mu c}}{\pi}\log_{10}\frac{B_{\mu c}}{\pi}\end{aligned} \tag{3-9}$$

$$\begin{aligned}H_{\mu d}(S_\mu)&=H_{\mathrm{I}\mu d}(S_\mu)+H_{\mathrm{O}\mu d}(S_\mu)\\&=\sum_{\omega=1}^{\theta}H_{\mu\omega d}(S_{\mu\omega})+H_{\mathrm{O}\mu d}(S_\mu)=-\sum_{\omega=1}^{\theta}\frac{L_{\mu\omega d}}{L_{\mu\omega}}\log_{10}\frac{L_{\mu\omega d}}{L_{\mu\omega}}-\frac{B_{\mu d}}{\pi}\log_{10}\frac{B_{\mu d}}{\pi}\end{aligned} \tag{3-10}$$

从而，子系统的协同总熵值可表示为

$$\begin{aligned}H_c^u(S)&=\sum_{\mu=1}^{\pi}H_{\mu c}(S_\mu)=\sum_{\mu=1}^{\pi}\sum_{\omega=1}^{\theta}H_{\mu\omega c}(S_{\mu\omega})+\sum_{\mu=1}^{\pi}H_{\mathrm{O}\mu c}(S_\mu)\\&=-\sum_{\mu=1}^{\pi}\sum_{\omega=1}^{\theta}\frac{L_{\mu\omega c}}{L_{\mu\omega}}\log_{10}\frac{L_{\mu\omega c}}{L_{\mu\omega}}-\sum_{\mu=1}^{\pi}\frac{B_{\mu c}}{\pi}\log_{10}\frac{B_{\mu c}}{\pi}\end{aligned} \tag{3-11}$$

$$H_{\mathrm{d}}^{u}(S) = \sum_{\mu=1}^{\pi} H_{\mu\mathrm{d}}(S_{\mu}) = \sum_{\mu=1}^{\pi}\sum_{\omega=1}^{\theta} H_{\mu\omega\mathrm{d}}(S_{\mu\omega}) + \sum_{\mu=1}^{\pi} H_{\mathrm{O}\mu\mathrm{d}}(S_{\mu})$$

$$= -\sum_{\mu=1}^{\pi}\sum_{\omega=1}^{\theta} \frac{L_{\mu\omega\mathrm{d}}}{L_{\mu\omega}} \log_{10} \frac{L_{\mu\omega\mathrm{d}}}{L_{\mu\omega}} - \sum_{\mu=1}^{\pi} \frac{B_{\mu\mathrm{d}}}{\pi} \log_{10} \frac{B_{\mu\mathrm{d}}}{\pi} \tag{3-12}$$

步骤 3 因子系统之间的作用机理并非单一的线性关系,且每个子系统对于系统整体的协同影响力差异化,为了取得相对准确的系统协同总熵值,需要在对各子系统熵值求和汇总前获取各子系统对复杂供应商网络的协同贡献权重 x_u,权重与企业的规模、产能和市值等指标因素相关。从而,得到复杂供应商网络的协同总熵值为

$$H_{\mathrm{c}}(S) = \sum_{u=1}^{q} x_u H_{\mathrm{c}}^{u}(S) \tag{3-13}$$

$$H_{\mathrm{d}}(S) = \sum_{u=1}^{q} x_u H_{\mathrm{d}}^{u}(S) \tag{3-14}$$

其中,q 表示子系统的个数。

3.4 复杂供应商网络协同效率评价模型构建

3.4.1 复杂供应商网络成员协同关系建立

定义 3.1 协同状态空间。假设供应商 Ω_α 与处于相同供应商单元的供应商 Ω_β 进行协同运作,定义 $(\Omega_\alpha,\Omega_\beta)$ 为供应商 Ω_α 与 Ω_β 的协同关系节点,节点总数为 η,则 BS 或 LS 层供应商的协同状态集合可由状态空间 Ω 进行表示,即

$$\Omega = \{(\Omega_\alpha,\Omega_1),(\Omega_\alpha,\Omega_2),\cdots,(\Omega_\alpha,\Omega_\beta),\cdots,(\Omega_\alpha,\Omega_\eta)\}, \quad \eta \leqslant \phi \tag{3-15}$$

式中,ϕ 为同层级供应商个数。

定义 3.2 协同关系矩阵。从 RBL 模型的底部向上出发,每个供应层级中网络成员间的协同交互影响通过协同关系来呈现。协同关系由数值 0 和 1 进行划分,协同状态记作 1,非协同状态记作 0,则可得协同关系矩阵 $\boldsymbol{R}=(\delta_{ij})_{n\times n}$ 为

$$\boldsymbol{R} = \begin{bmatrix} \delta_{11} & \delta_{12} & \cdots & \delta_{1j} & \cdots & \delta_{1n} \\ \delta_{21} & \delta_{22} & \cdots & \delta_{2j} & \cdots & \delta_{2n} \\ \vdots & \vdots & & \vdots & & \vdots \\ \delta_{i1} & \delta_{i2} & \cdots & \delta_{ij} & \cdots & \delta_{in} \\ \vdots & \vdots & & \vdots & & \vdots \\ \delta_{n1} & \delta_{n2} & \cdots & \delta_{nj} & \cdots & \delta_{nn} \end{bmatrix} \tag{3-16}$$

式中,n 为供应商单元内的供应商个数。

当 $i \neq j$ 时,δ_{ij} 或 δ_{ji} 表示供应商单元内的第 i 个供应商与第 j 个供应商之间

的协同关系；当 $i=j$ 时，δ_{ij} 代表第 i 个供应商自身的协同。对于网络中的某个供应商而言，自协同的取值是由其下属供应商之间的协同关系决定的，当且仅当其下属供应商之间均为协同状态时，自协同的取值为 1。由于自协同在供应层级间具有传递性，故不妨假设底层供应商的自协同取值为 1。考虑到现实中负面因素的影响，不同供应商之间协同强度整体偏低，因而对其余层级供应商的自协同取值为 0。

观察式(3-16)能够发现，协同关系矩阵 R 为对称矩阵。根据对称矩阵的性质，确定阵内的 $\frac{n(n+1)}{2}$ 个元素即可得到完整的矩阵。由于位于主对角线上代表自协同含义的元素值已知，因此只需在此基础上获取主对角线任意一侧的 r 个元素值（C_n^2 组待评价的协同关系）。

复杂供应商网络协同效率评价模型的具体构建步骤如下：

步骤 1 在对供应商网络成员之间的协同关系进行评估前，需要构造科学合理、易于操作、周密覆盖、独立且无交叉的供应商网络协同指标评价体系。

通过查阅国内外研究文献发现，直至目前，对于供应商网络协同指标评价体系的研究较少，可用于借鉴的资料十分有限。与此同时，笔者在对安徽省内多家企业的走访调研过程中了解到，国内很多大型制造企业在考评供应商时，因不同企业在文化理念、行业背景和规模大小等方面的差异，所制定的指标评价体系会有所区别，但在一些关键指标的选取上普遍是一致的，如质量、交货和信息技术等方面。

本章的研究初衷是在智能制造背景下，基于协同熵值度量对具有复杂网络拓扑结构的供应商网络建立一组关于协同的概念和理论，旨在为主制造商提供一种管理与生产活动相结合的且具有普适性和实用性特点的评价方法。因此，对于供应商网络协同评价指标的选取并未规定相应标准，而是综合了曾明华等[171]和 Mavi 等[117-118]所构建的面向供应链协同和供应商选择的指标评价体系的内容，提出了一种框架形式的指标评价体系，如图 3-5 所示。主制造商可以根据自身的实际情况对该指标评价体系进行必要的增补或筛选，如在一级指标方面，除考虑产品质量、交付能力和信息共享等关键因素外，还可考虑包括柔性、风险分担和成本投入等在内的其他因素。

步骤 2 设供应商网络中每组待评价的协同关系有 m 个评价指标，有 r 个待评价的协同关系，邀请 p 位从事供应链管理多年、具有不同专业和技术背景、曾担任企业重要岗位负责人的业内权威专家参与协同指标打分，不同专家之间无权重差异，指标评价值在 $0\sim10$ 的范围内。

步骤 3 设供应商网络内协同关系的评价结果为原始数据矩阵 A_ξ，$A_\xi = (a_{ij}^\xi)_{r\times m}$，记 a_{ij}^ξ 表示在第 ξ 个原始数据矩阵中，第 i 个评价对象的第 j 个指标的评价值，$\xi=1,2,\cdots,p$。

比较 p 个原始数据矩阵中相同位置元素的数值，去掉其中的最大值和最小值并求平均值，得到供应商网络协同指标评价矩阵 B 为

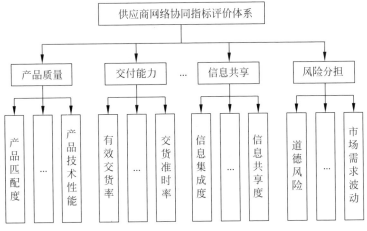

图 3-5 供应商网络协同指标评价体系

$$\boldsymbol{B}=(b_{ij})_{r\times m},\quad b_{ij}=\frac{\sum_{\xi=1}^{p}a_{ij}^{\xi}-\max_{\xi=1,2,\cdots,p}\{a_{ij}^{\xi}\}-\min_{\xi=1,2,\cdots,p}\{a_{ij}^{\xi}\}}{p-2} \quad (3\text{-}17)$$

其中,$\max\{a_{ij}^{\xi}\}$ 为原始数据矩阵 $\boldsymbol{A}_{\xi}$ 中对应位置元素的最大值;$\min\{a_{ij}^{\xi}\}$ 为原始数据矩阵 $\boldsymbol{A}_{\xi}$ 中对应位置元素的最小值。

步骤 4 借助熵权法求解供应商网络协同指标评价矩阵 $\boldsymbol{B}$ 中 m 个指标的指标权重 w_{t},$t=1,2,\cdots,m$;在此基础上,对 $\boldsymbol{B}$ 的行元素加权求和,取得供应商网络成员之间的协同综合评价矩阵 $\boldsymbol{C}$。其中,$\boldsymbol{C}=\boldsymbol{B\tau}$,$\boldsymbol{\tau}=(w_{1},w_{2},\cdots,w_{m})^{\mathrm{T}}$。

步骤 5 为合理、动态地判定划分协同状态依据的协同临界值,避免决策者的绝对性或主观性判断对研究产生影响,引入秦娟[172]所提出的改进犹豫模糊记分函数。

设 $h=\{\gamma_{1},\gamma_{2},\cdots,\gamma_{n}\}$ 为给定集合 X 上的一个犹豫模糊元,记 $S_{\lambda}(h)$ 为犹豫模糊元 h 的记分函数,λ 为记分系数,则有

$$S_{\lambda}(h)=\sum_{\gamma\in h}\frac{\gamma^{\lambda}}{\sum_{\gamma\in h}\gamma^{\lambda}}\cdot\gamma=\sum_{\gamma\in h}\frac{\gamma^{\lambda+1}}{\sum_{\gamma\in h}\gamma^{\lambda}}=\frac{\sum_{\gamma\in h}\gamma^{\lambda+1}}{\sum_{\gamma\in h}\gamma^{\lambda}},\quad \lambda\geqslant 0 \quad (3\text{-}18)$$

记落在区间 $[0,S_{\lambda}(h))$ 的综合评价值为 0,落在区间 $[S_{\lambda}(h),10]$ 的综合评价值为 1。将协同综合评价矩阵 $\boldsymbol{C}$ 中 r 个经数值转换后的协同状态重新排列并向矩阵填充,由此得到协同关系矩阵 $\boldsymbol{R}$。值得注意的是,伴随记分系数的增大,记分函数在越趋近于犹豫模糊元中最大元素的同时,越远离犹豫模糊元中的最小元素。从协同偏好的角度来理解,记分函数增大表明决策者判定协同的标准提高,反之表明决策者判定协同的标准降低。

3.4.2 复杂供应商网络协同评价参数确定

定义 3.3 协同效率。已知当前供应商网络中,成员的协同关系可分为协同状态和非协同状态。记协同状态的熵值为 H_x,非协同状态的熵值为 H_f,$H_x = \{H_{\mu\omega c}(S_{\mu\omega}), H_{O\mu c}(S_\mu)\}$,$H_f = \{H_{\mu\omega d}(S_{\mu\omega}), H_{O\mu d}(S_\mu)\}$。在供应商单元 U_k 内,供应商 Ω_α 与供应商 Ω_β 的协同状况可以通过协同评价参数协同效率 ρ 来反映,其表达式为

$$\rho = 1 - \frac{H_x}{H_x + H_f} = 1 - \frac{\frac{\psi_{uc}}{\psi_u}\log_{10}\frac{\psi_{uc}}{\psi_u}}{\frac{\psi_{uc}}{\psi_u}\log_{10}\frac{\psi_{uc}}{\psi_u} + \frac{\psi_{ud}}{\psi_u}\log_{10}\frac{\psi_{ud}}{\psi_u}}$$

$$= 1 - \frac{1}{1 + \frac{\psi_{ud}}{\psi_{uc}}\log_{\frac{\psi_{uc}}{\psi_u}}\frac{\psi_{ud}}{\psi_u}} \qquad (3\text{-}19)$$

式中,ψ_{uc} 为协同的状态数量;ψ_{ud} 为非协同的状态数量;ψ_u 为协同和非协同的状态总数。

令 $\psi_{uc} = x$,$\psi_{ud} = y$,$\psi_u = z$,$x + y = z$,则式(3-19)可转换为

$$\rho = 1 - \frac{1}{1 + \frac{y}{x}\log_{\frac{x}{z}}\frac{y}{z}}$$

由于,$y \to 0 \Rightarrow x \to z \Rightarrow \frac{x}{z} \to 1$,$\frac{y}{z} \to 0 \Rightarrow \log_{\frac{x}{z}}\frac{y}{z} \to +\infty$,因此

$$\lim_{y \to 0}\frac{\frac{y}{x}}{\frac{1}{\log_{\frac{x}{z}}\frac{y}{z}}} = \lim_{y \to 0}\frac{\frac{y}{x}}{\log_{\frac{y}{z}}\frac{x}{z}} = \lim_{y \to 0}\frac{\frac{y}{z-y}}{\log_{\frac{y}{z}}\frac{z-y}{z}} = \lim_{y \to 0}\frac{z\ln\frac{y}{z}}{y-z} \to +\infty, \quad \rho \to 1$$

$$(3\text{-}20)$$

在供应商单元 U_k 内,供应商 Ω_α 与供应商 Ω_β 之间表现为协同和非协同状态的状态总数 ψ_u 是一定值,故两种状态对应的供应商数量此消彼长。由式(3-20)可知,随着供应商之间表现为非协同的状态数量 ψ_{ud} 递减,则表现为协同的状态数量 ψ_{uc} 随之递增,当且仅当非协同的状态数量 $\psi_{ud} = 0$ 时,协同效率达到最大值,$\rho_{\max} = 1$。

定义 3.4 协同比。为横向比较处于相同供应层级、不同所属单元的供应商协同行为的优劣,并做出指标性的评价,需引入协同比 φ。外部协同的协同比可表示为

$$\varphi = 1 - \frac{H'_x}{\max\{H'_x\} + \max\{H'_f\}} \qquad (3\text{-}21)$$

其中，$H'_x = \{H_{\mu\omega c}(S_{\mu\omega}), H_{O\mu c}(S_\mu)\}$ 表示协同状态下，网络成员外部协同熵值；$H'_f = \{H_{\mu\omega d}(S_{\mu\omega}), H_{O\mu d}(S_\mu)\}$ 表示非协同状态下，网络成员外部协同熵值；$\max\{H'_x\}$ 和 $\max\{H'_f\}$ 分别对应协同和非协同状态下，网络成员外部协同熵值的最大值。内部协同或总协同的协同比可表示为

$$\varphi = 1 - \frac{H''_x/j}{\max\{H''_x/j\} + \max\{H''_f/j\}} \tag{3-22}$$

由于 BS 层内部各供应商单元所属供应商的数量 j 存在差异，引入均值可消除熵值叠加带来的影响。其中，$H''_x = \{H_{I\mu c}(S_\mu), H_{\mu c}(S_\mu)\}$，$H''_f = \{H_{I\mu d}(S_\mu), H_{\mu d}(S_\mu)\}$，$\max\{H''_x/j\}$ 和 $\max\{H''_f/j\}$ 分别对应协同和非协同状态下，网络成员内部协同熵值或总协同熵值均值的最大值。

3.5 案例分析

电池制造业既是传统基础性产业的代表，也是新能源产业中必不可少的重要组成部分，与装备制造、现代电子信息和新型材料等多个战略性新兴产业联系密切，关乎国计民生和经济绿色发展。针对电池制造领域供应商网络协同效率亟待提高的现实需求，本节拟通过理论研究和行业案例研究并举的方式，利用理论研究成果指导企业应用实践，为主制造商提供一种切实可行的供应商网络协同管理方案。

G 公司是国内一家专业从事各类蓄电池研发、生产和销售的知名大型电池制造企业。近年来，为顺应智能制造强国战略和制造业产业变革，G 公司陆续将大量财力、人力和技术等资源集中投入到智能制造建设过程，积极推进智能制造供应链转型。G 公司旗下拥有供应商 3000 余家，在企业与供应商的协同制造过程中，基于实时信息采集、物料供给、品控监测等需求产生的大量供应商协同状态数据，为本节提供数据支持。

在智能制造背景下，考虑到主制造商日常生产经营、行政办公和后勤补给等方面的需要，与其确立协作关系的供应商数目众多。受到数据完备性和采样周期统一性的限制，本节选择对网络中的关键供应商进行案例分析，该类供应商的数量较少，但与主制造商合作最为密切。由于主制造商对该类供应商所提供资源的采购支出比重较大，关键供应商将直接影响产品的最终形态。选取 G 公司产品制造环节中的 5 家关键原材料供应商作为 BS 层研究对象，并以 BS 层下属的 19 家关键原材料供应商作为 LS 层研究对象，如图 3-6 所示。记以 G 公司为主制造商的供应商网络名称为"供应商网络 G"。

3.5.1 数据收集与统计

在对企业管理负责人访谈的过程中了解到，G 公司以华为技术有限公司所施行的"七维度供应商绩效评估准则"为基础，从技术、质量、响应、交货、成本、环境和

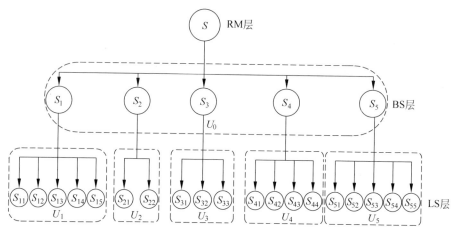

图 3-6 供应商网络 G 的 RBL 模型

社会责任七个维度,对旗下供应商网络的协同情况进行考评。

根据供应商网络 G 的 RBL 模型,LS 层供应商中存在 30 组($C_5^2+C_2^2+C_3^2+C_4^2+C_5^2$ 组)待评价的协同关系,BS 层供应商中存在 10 组(C_5^2 组)待评价的协同关系。依据 3.4.1 节的步骤构建协同关系矩阵 $\boldsymbol{R}$,如下所示:

步骤 1 将用于评价供应商网络成员协同关系的指标评价体系划分为三层,从上至下依次为目标层、准则层和方案层,规定全体协同指标为效益型,如图 3-7 所示。

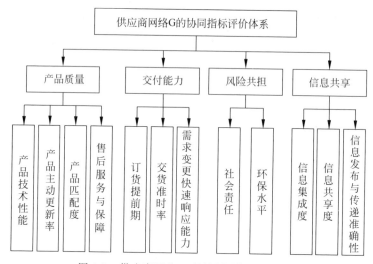

图 3-7 供应商网络 G 的协同指标评价体系

在供应商网络 G 的协同指标评价体系中,一级指标包括产品质量、交付能力、风险共担和信息共享四个方面;二级指标包括产品技术性能、产品主动更新率、产品匹配度、售后服务与保障、订货提前期、交货准时率、需求变更快速响应能力、社会责任、环保水平、信息集成度、信息共享度、信息发布与传递准确性十二个方面。

步骤2 邀请10位从事供应链管理多年、具有不同专业和技术背景、曾担任企业重要岗位负责人的业内权威专家，对供应商网络G中LS层和BS层所包含的40组协同关系进行打分，指标评价值在0~10的范围内，不同专家之间无权重差异。

步骤3 经专家小组统一评定，取得协同关系评价结果的原始数据矩阵；比较10个原始矩阵中相同位置的元素的数值，去掉其中的最大值和最小值并求平均值，得到供应商网络G的协同指标评价矩阵 $B_{40\times 12}$，如表3-1所示。

表3-1 供应商网络G的协同指标评价矩阵

	A_1	A_2	A_3	A_4	A_5	A_6	A_7	A_8	A_9	A_{10}	A_{11}	A_{12}
S_{11}/S_{12}	7.8750	7.0000	6.8750	6.6250	6.5000	7.0000	6.3750	7.6250	6.7500	7.2500	6.1250	6.2500
S_{11}/S_{13}	7.1250	6.2500	7.0000	6.7500	7.1250	7.0000	6.3750	7.0000	7.2500	6.5000	6.3750	6.2500
S_{11}/S_{14}	7.3750	6.5000	7.2500	6.5000	6.5000	6.5000	5.7500	6.3750	6.6250	6.2500	6.6250	6.5000
S_{11}/S_{15}	7.3750	6.1250	7.3750	5.5000	5.8750	6.5000	5.8750	7.0000	6.1250	6.1250	7.0000	6.6250
S_{12}/S_{13}	6.8750	6.2500	7.6250	6.0000	6.1250	6.5000	7.0000	6.2500	6.2500	6.8750	6.5000	
S_{12}/S_{14}	7.2500	7.1250	7.5000	7.0000	6.2500	7.5000	7.1250	7.5000	7.1250	7.3750	7.2500	6.7500
S_{12}/S_{15}	7.2500	6.2500	7.0000	5.8750	6.2500	7.1250	6.0000	6.2500	5.5000	6.5000	6.2500	6.5000
S_{13}/S_{14}	8.0000	6.5000	7.6250	6.7500	6.7500	7.5000	7.2500	7.2500	7.2500	6.5000	6.3750	6.5000
S_{13}/S_{15}	8.1250	7.2500	7.6250	6.8750	6.2500	7.3750	7.3750	7.5000	7.6250	8.2500	7.3750	7.7500
S_{14}/S_{15}	7.3750	6.8750	7.0000	5.2500	7.0000	7.3750	6.1250	6.8750	5.8750	6.2500	7.0000	6.3750
S_{21}/S_{22}	7.1250	7.0000	7.6250	7.0000	6.2500	6.2500	6.2500	6.3750	6.7500	7.2500	6.3750	
S_{31}/S_{32}	7.2500	6.7500	7.2500	6.5000	8.7500	7.2500	6.2500	7.5000	5.0000	6.2500	7.1250	7.2500
S_{31}/S_{33}	7.8750	6.8750	7.7500	6.8750	7.7500	7.5000	6.3750	6.8750	7.6250	7.6500	6.2500	6.1250
S_{32}/S_{33}	7.3750	6.2500	6.7500	6.5000	6.3750	8.7500	6.1250	7.0000	6.6250	6.0000	6.2500	6.0000
S_{41}/S_{42}	7.0000	6.5000	7.3750	5.3750	7.1250	8.2500	6.2500	8.0000	6.2500	6.7500	6.2500	
S_{41}/S_{43}	7.8750	7.0000	8.1250	7.3750	6.2500	7.3750	7.5000	7.3750	6.6250	7.0000	7.5000	6.8750
S_{41}/S_{44}	8.1250	6.6250	7.6250	7.1250	8.7500	6.8750	7.6250	7.3750	6.8750	7.6250	7.0000	6.5000
S_{42}/S_{43}	7.3750	6.6250	6.8750	7.0000	6.3750	7.5000	7.0000	8.7500	5.7500	6.6250	6.8750	6.5000
S_{42}/S_{44}	6.8750	6.7500	7.2500	6.7500	6.1250	7.5000	6.5000	6.0000	6.2500	6.2500	6.0000	
S_{43}/S_{44}	7.1250	5.8750	7.3750	6.2500	7.0000	6.3750	6.0000	7.1250	5.7500	7.3750	6.8750	6.7500
S_{51}/S_{52}	7.2500	6.7500	7.1250	5.7500	6.3750	6.2500	7.0000	6.2500	8.7500	8.5000	6.7500	6.3750
S_{51}/S_{53}	8.5000	7.1250	8.0000	7.3750	6.6250	7.6250	7.0000	7.1250	6.2500	7.3750	6.6250	6.8750
S_{51}/S_{54}	7.1250	6.5000	7.0000	5.8750	6.1250	6.5000	5.8750	8.7500	5.8750	7.3750	7.1250	6.2500
S_{51}/S_{55}	7.5000	7.3750	7.2500	7.0000	7.2500	6.8750	6.8750	7.0000	6.8750	7.0000	6.0000	6.5000
S_{52}/S_{53}	7.2500	6.5000	7.3750	6.0000	6.1250	6.8750	6.1250	6.0000	6.8750	6.2500	6.8750	7.3750
S_{52}/S_{54}	6.5000	5.8750	6.8750	6.0000	6.7500	6.0000	4.8750	6.2500	5.5000	5.6250		
S_{52}/S_{55}	8.0000	7.7500	7.3750	7.2500	7.3750	7.1250	7.6250	7.0000	6.6250	7.1250	6.8750	6.8750
S_{53}/S_{54}	7.1250	5.8750	7.1250	6.2500	6.1250	6.1250	6.7500	7.5000	8.7500	8.5000	6.3750	6.2500
S_{53}/S_{55}	8.2500	7.1250	8.1250	7.3750	7.3750	7.5000	7.3750	7.0000	9.0000	7.6250	6.2500	7.5000
S_{54}/S_{55}	7.3750	5.7500	6.8750	5.5000	5.8750	7.1250	5.7500	6.5000	7.0000	6.2500	8.8750	5.6250
S_1/S_2	7.6250	7.5000	7.7500	7.0000	8.0000	7.8750	7.0000	8.7500	7.5000	7.3750	7.6250	7.2500

续表

	Λ_1	Λ_2	Λ_3	Λ_4	Λ_5	Λ_6	Λ_7	Λ_8	Λ_9	Λ_{10}	Λ_{11}	Λ_{12}
S_1/S_3	6.7500	6.6250	7.1250	6.5000	6.3750	6.3750	6.5000	6.2500	5.6250	6.1250	7.0000	6.2500
S_1/S_4	7.0000	5.3750	7.1250	5.1250	5.8750	5.2500	6.0000	6.5000	5.2500	5.8750	6.3750	5.7500
S_1/S_5	7.3750	6.6250	7.5000	6.0000	6.3750	6.5000	5.7500	6.5000	5.8750	6.6250	6.5000	6.3750
S_2/S_3	7.3750	6.8750	7.5000	7.0000	7.6250	7.3750	7.1250	7.1250	7.2500	7.1250	6.8750	6.8750
S_2/S_4	6.8750	6.3750	6.5000	5.8750	6.1250	6.5000	6.2500	6.5000	6.1250	6.0000	6.6250	6.5000
S_2/S_5	8.2500	7.5000	7.2500	6.5000	6.7500	7.6250	7.5000	7.5000	6.3750	6.2500	7.8750	6.7500
S_3/S_4	7.5000	7.2500	7.7500	7.5000	7.2500	7.1250	6.6250	7.6250	6.2500	7.3750	6.8750	6.7500
S_3/S_5	7.5000	7.3750	7.6250	7.6250	7.2500	6.5000	6.6250	7.0000	6.7500	7.5000	6.7500	6.3750
S_4/S_5	7.2500	6.6250	7.7500	6.6250	5.7500	6.8750	6.1250	7.1250	6.0000	5.7500	6.7500	6.6250

步骤 4 借助熵权法获得指标评价体系中各协同指标的权重,如表 3-2 所示; 再对 **B** 的行元素加权求和,取得网络成员之间的协同综合评价值,如表 3-3 所示。

表 3-2 指标权重

	Λ_1	Λ_2	Λ_3	Λ_4	Λ_5	Λ_6	Λ_7	Λ_8	Λ_9	Λ_{10}	Λ_{11}	Λ_{12}
w_t	0.0431	0.0740	0.0264	0.1448	0.1103	0.0793	0.0969	0.0476	0.1525	0.1079	0.0590	0.0583

表 3-3 供应商网络 G 的协同关系综合评价值

	S_{11}/S_{12}	S_{11}/S_{13}	S_{11}/S_{14}	S_{11}/S_{15}	S_{12}/S_{13}	S_{12}/S_{14}	S_{12}/S_{15}	S_{13}/S_{14}	S_{13}/S_{15}	S_{14}/S_{15}
γ	6.7884	6.7712	6.4790	6.2224	6.3325	7.2381	6.2715	7.0244	7.5357	6.4043
δ_{ij}	1	1	0	0	0	1	0	1	1	0
	S_{21}/S_{22}	S_{31}/S_{32}	S_{31}/S_{33}	S_{32}/S_{33}	S_{41}/S_{42}	S_{41}/S_{43}	S_{41}/S_{44}	S_{42}/S_{43}	S_{42}/S_{44}	S_{43}/S_{44}
γ	6.5837	6.4216	6.8692	6.4511	6.3295	7.3460	7.2403	6.5266	6.4622	6.5115
δ_{ij}	0	0	1	0	0	1	1	0	0	0
	S_{51}/S_{52}	S_{51}/S_{53}	S_{51}/S_{54}	S_{51}/S_{55}	S_{52}/S_{53}	S_{52}/S_{54}	S_{52}/S_{55}	S_{53}/S_{54}	S_{53}/S_{55}	S_{54}/S_{55}
γ	6.2684	7.1233	6.3194	7.1453	6.3628	5.5934	7.1989	6.3696	7.3873	5.8909
δ_{ij}	0	1	0	1	0	0	1	0	1	0
	S_1/S_2	S_1/S_3	S_1/S_4	S_1/S_5	S_2/S_3	S_2/S_4	S_2/S_5	S_3/S_4	S_3/S_5	S_4/S_5
γ	7.4739	6.3426	5.7307	6.3260	7.1745	6.3323	6.9728	7.2777	7.1624	6.2261
δ_{ij}	1	0	0	0	1	0	1	1	1	0

步骤 5 为合理地判定划分协同状态依据的协同临界值,引入基于协同偏好的犹豫模糊记分函数 $S_\lambda(h)$,记分系数 λ 的大小体现了决策者对于企业之间协同要求的标准高低。

本例中,当 $\lambda=0,1,2,3$ 时,$S_\lambda(h)$ 分别取 6.662、6.698、6.733 和 6.767,以上

述四个数值中的任意一个作为临界值划分协同状态所得到的结果均保持一致,故以该临界值作为协同状态的判断准则具有合理性。

通过将协同关系评价值转化为数值 δ_{ij},得到协同关系矩阵 R_1、R_2、R_3、R_4、R_5、R_6。其中,R_1、R_2、R_3、R_4 和 R_5 为 LS 层供应商的协同关系矩阵,R_6 为 BS 层供应商的协同关系矩阵,具体表达式为

$$R_1 = \begin{bmatrix} 1 & 1 & 1 & 0 & 0 \\ 1 & 1 & 0 & 1 & 0 \\ 1 & 0 & 1 & 1 & 1 \\ 0 & 1 & 1 & 1 & 0 \\ 0 & 0 & 1 & 0 & 1 \end{bmatrix}, \quad R_2 = \begin{bmatrix} 1 & 0 \\ 0 & 1 \end{bmatrix}, \quad R_3 = \begin{bmatrix} 1 & 0 & 1 \\ 0 & 1 & 0 \\ 1 & 0 & 1 \end{bmatrix}$$

$$R_4 = \begin{bmatrix} 1 & 0 & 1 & 1 \\ 0 & 1 & 0 & 0 \\ 1 & 0 & 1 & 0 \\ 1 & 0 & 0 & 1 \end{bmatrix}, \quad R_5 = \begin{bmatrix} 1 & 0 & 1 & 0 & 1 \\ 0 & 1 & 0 & 0 & 1 \\ 1 & 0 & 1 & 0 & 1 \\ 0 & 0 & 0 & 1 & 0 \\ 1 & 1 & 1 & 0 & 1 \end{bmatrix}, \quad R_6 = \begin{bmatrix} 0 & 1 & 0 & 0 & 0 \\ 1 & 0 & 1 & 0 & 1 \\ 0 & 1 & 0 & 1 & 1 \\ 0 & 0 & 1 & 0 & 0 \\ 0 & 1 & 1 & 0 & 0 \end{bmatrix}$$

由式(3-3)、式(3-4)、式(3-19)和式(3-21)得,供应商 S_{51} 的协同熵值、协同效率及协同比为

$$H_{51c}(S_{51}) = -(3/5)\log_{10}(3/5) = 0.1331$$

$$H_{51d}(S_{51}) = -(2/5)\log_{10}(2/5) = 0.1592$$

$$\rho(S_{51}) = 1 - \frac{H_{51c}(S_{51})}{H_{51c}(S_{51}) + H_{51d}(S_{51})} = 1 - \frac{0.1331}{0.1331 + 0.1592} = 0.5446$$

$$\varphi(S_{51}) = 1 - \frac{H_{51c}(S_{51})}{\max\{H_{\mu\omega c}(S_{\mu\omega})\} + \max\{H_{\mu\omega d}(S_{\mu\omega})\}} = 1 - \frac{0.1331}{0.1592 + 0.1592} = 0.5820$$

同理,也可得其他供应商的协同熵值、协同效率及协同比,如表3-4所示。

表 3-4　LS 层协同熵值、协同效率及协同比

LS 层	S_{11}	S_{12}	S_{13}	S_{14}	S_{15}	S_{21}	S_{22}	S_{31}	S_{32}	S_{33}
$H_{\mu\omega c}(S_{\mu\omega})$	0.1331	0.1331	0.0775	0.1331	0.1592	0.1505	0.1505	0.1174	0.1590	0.1174
$H_{\mu\omega d}(S_{\mu\omega})$	0.1592	0.1592	0.1398	0.1592	0.1331	0.1505	0.1505	0.1590	0.1174	0.1590
ρ	0.5446	0.5446	0.6434	0.5446	0.4554	0.5000	0.5000	0.5753	0.4247	0.5753
φ	0.5820	0.5820	0.7566	0.5820	0.5000	0.5273	0.5273	0.6313	0.5006	0.6313
LS 层	S_{41}	S_{42}	S_{43}	S_{44}	S_{51}	S_{52}	S_{53}	S_{54}	S_{55}	总和
$H_{\mu\omega c}(S_{\mu\omega})$	0.0937	0.1505	0.1505	0.1505	0.1331	0.1592	0.1331	0.1398	0.0775	2.5187
$H_{\mu\omega d}(S_{\mu\omega})$	0.1505	0.0937	0.1505	0.1505	0.1592	0.1331	0.1592	0.0775	0.1398	2.7009
ρ	0.6163	0.3837	0.5000	0.5000	0.5446	0.4554	0.5446	0.3566	0.6434	0.5175
φ	0.7057	0.5273	0.5273	0.5273	0.5820	0.5000	0.5820	0.5609	0.7566	—

由式(3-5)、式(3-6)、式(3-19)和式(3-22)得,供应商 S_5 的内部协同熵值、协同

效率及协同比为

$$H_{I5c}(S_5) = \sum_{\omega=1}^{5} H_{5\omega c}(S_{5\omega}) = 0.6427$$

$$H_{I5d}(S_5) = \sum_{\omega=1}^{5} H_{5\omega d}(S_{5\omega}) = 0.6688$$

$$\rho(S_5) = 1 - \frac{H_{I5c}(S_5)}{H_{I5c}(S_5) + H_{I5d}(S_5)} = 1 - \frac{0.6427}{0.6427 + 0.6688} = 0.5100$$

$$\varphi(S_5) = 1 - \frac{H_{I5c}(S_5)/5}{\max\{H_{I\mu c}(S_\mu)/j\} + \max\{H_{I\mu d}(S_\mu)/j\}} = 1 - \frac{0.1285}{0.1505 + 0.1505} = 0.5731$$

同理,可得其他供应商的内部协同熵值、协同效率及协同比,如表3-5所示。

表3-5 BS层内部协同熵值及协同效率

BS层内部	S_1	S_2	S_3	S_4	S_5	总和
$H_{I\mu c}(S_\mu)$	0.6360	0.3010	0.3938	0.5452	0.6427	2.5187
$H_{I\mu d}(S_\mu)$	0.7505	0.3010	0.4354	0.5452	0.6688	2.7009
ρ	0.5413	0.5000	0.5251	0.5000	0.5100	0.5175
φ	0.5774	0.5000	0.5638	0.5472	0.5731	—

由式(3-7)、式(3-8)、式(3-19)和式(3-21)得,供应商S_5的外部协同熵值、协同效率及协同比为

$$H_{O5c}(S_5) = -(2/5)\log_{10}(2/5) = 0.1592$$

$$H_{O5d}(S_5) = -(3/5)\log_{10}(3/5) = 0.1331$$

$$\rho(S_5) = 1 - \frac{H_{O5c}(S_5)}{H_{O5c}(S_5) + H_{O5d}(S_5)} = 1 - \frac{0.1592}{0.1592 + 0.1331} = 0.4554$$

$$\varphi(S_5) = 1 - \frac{H_{O5c}(S_5)}{\max\{H_{O\mu c}(S_\mu)\} + \max\{H_{O\mu d}(S_\mu)\}} = 1 - \frac{0.1592}{0.1592 + 0.1592} = 0.5000$$

同理,可得其他供应商的外部协同熵值、协同效率及协同比,如表3-6所示。

表3-6 BS层外部协同熵值及协同效率

BS层外部	S_1	S_2	S_3	S_4	S_5	总和
$H_{O\mu c}(S_\mu)$	0.1398	0.1331	0.1331	0.1398	0.1592	0.7050
$H_{O\mu d}(S_\mu)$	0.0775	0.1592	0.1592	0.0775	0.1331	0.6065
ρ	0.3566	0.5446	0.5446	0.3566	0.4554	0.4624
φ	0.5609	0.5820	0.5820	0.5609	0.5000	—

由式(3-9)、式(3-10)、式(3-19)和式(3-22)得,供应商S_5的内部协同熵值、协同效率及协同比为

$$H_{5c}(S_5) = H_{I5c}(S_5) + H_{O5c}(S_5) = 0.8019$$

$$H_{5d}(S_5) = H_{I5d}(S_5) + H_{O5d}(S_5) = 0.8019$$

$$\rho(S_5) = 1 - \frac{H_{5c}(S_5)}{H_{5c}(S_5) + H_{5d}(S_5)} = 1 - \frac{0.8019}{0.8019 + 0.8019} = 0.5000$$

$$\varphi(S_5) = 1 - \frac{H_{5c}(S_5)/5}{\max\{H_{\mu c}(S_\mu)/j\} + \max\{H_{\mu d}(S_\mu)/j\}} = 1 - \frac{0.1604}{0.2171 + 0.2301} = 0.6413$$

同理，可得其他供应商的协同熵值、协同效率及协同比，如表 3-7 所示。

表 3-7 BS 层协同熵值及协同效率

BS 层	S_1	S_2	S_3	S_4	S_5	总和
$H_{\mu c}(S_\mu)$	0.7758	0.4341	0.5269	0.6850	0.8019	3.2237
$H_{\mu d}(S_\mu)$	0.8280	0.4602	0.5946	0.6227	0.8019	3.3074
ρ	0.5163	0.5146	0.5302	0.4762	0.5000	0.5064
φ	0.6530	0.5145	0.6073	0.6166	0.6413	—

表 3-4～表 3-7 完成了对 LS 层和 BS 层供应商的协同熵值测度。在此基础上，通过式(3-11)、式(3-12)和式(3-19)得到子系统的总协同熵值和协同效率，如下所示：

$$H_c^u(S) = \sum_{\mu=1}^{\pi} H_{\mu c}(S_\mu) = 3.2237$$

$$H_d^u(S) = \sum_{\mu=1}^{\pi} H_{\mu d}(S_\mu) = 3.3074$$

$$\rho = 1 - \frac{H_c^u(S)}{H_c^u(S) + H_d^u(S)} = 0.5064$$

3.5.2 结果分析与建议

从数据反馈来看，BS 层供应商的协同效率均值略低于 LS 层供应商，协同效率有随着供应层级向上传递而降低的趋势；除个别供应商外，协同比与协同效率的增减步调一致且它们在 BS 和 LS 层的数值均未跌破 0.5，协同活动在整体上较为稳定。由表 3-2 的数据可知，售后服务与保障、订货提前期、需求变更的快速响应能力以及环保水平四项指标的指标权重较大，说明成员企业在这几个方面的协同能力有较大差距，为实现更好的协同合作，后续需要对此有侧重地进行改善。

根据表 3-4～表 3-7 的数据内容绘制的图像如图 3-8～图 3-11 所示。从图中能够发现：图 3-8、图 3-9 和图 3-11 中的供应商，其协同效率同比偏低，协同比却同比偏高，如供应商 S_{42}、S_{54}、S_4 以及 S_5。这反映了虽然供应商 S_μ 或 $S_{\mu\omega}$ 与其所属供应商单元内的供应商之间协同表现不佳，但相较同层级其他供应商单元的协同状态并非是最差的。

在本案例中，以 G 公司为核心的供应商网络整体协同效率为 50.64%，即网络

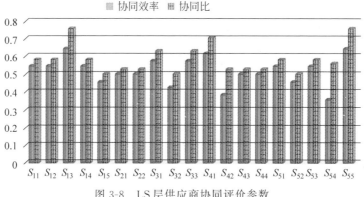

图 3-8　LS 层供应商协同评价参数

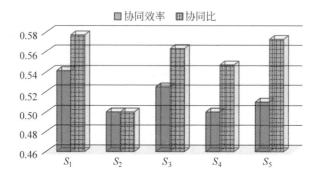

图 3-9　BS 层供应商内部协同评价参数

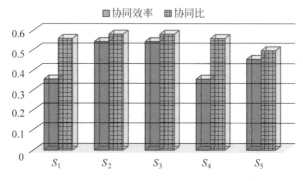

图 3-10　BS 层供应商外部协同评价参数

中有超过一半的供应商能够与其他网络成员实现较好的协同,但该结果在同等计数单位条件下,远低于用于判定协同状态的协同模糊记分函数临界值 λ,表明 G 公司智能化转型尚未成功,仍存在较大的进步空间。在后续的智能制造发展进程中,建议 G 公司根据供应商网络协同效率的评价结果,重新审视企业在协同管理方面的不足,有针对性地补全弱势指标的短板。同时,主制造商需要对企业现时的智能

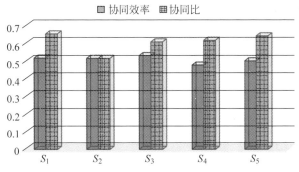

图 3-11　BS 层供应商协同评价参数

化水平有一个充分的自我认知,一味盲目地加大资金和设备的投入甚至采取"一步到位式"的短效策略会对企业的成长产生副作用,致使企业管理者对企业的能力产生过度期望和过度自信,忽视了网络内部协同效应的重要性。显然,基于这种认知偏见的非优运营决策会降低供应商网络的协同效率和成员的收益,故 G 公司需要根据实际情况制定相应措施以激活智能制造供应商网络中节点企业的潜在价值,阶段性地推进企业的智能化转型升级。

3.6　管理启示

本章的研究内容丰富了该领域的学术成果,可得到如下管理启示:

(1) 借助 RBL 模型周期性地对子系统协同熵值变化进行动态监测,可以有效地获取各子系统成员的协同评价数据,帮助主制造商更好地了解和掌握供应商网络内部的协同状况,并针对协同管理中存在的问题采取相应的措施予以巩固和加强,从而在保障供应商网络稳定性和增加系统弹性的同时,进一步优化协同效率和增加经济产出。

(2) 相关政策制定部门可根据子系统的评价反馈结果开展指向性的研究,对其中协同熵值低、协同效率优的子系统的组织结构、供应商数量以及企业间的协作方式等有用特征进行深度挖掘,提炼潜在的管理思想并总结实践经验,选取其中有借鉴价值的部分开展试点,对取得成效的案例向全社会进行推广以提高各子系统的协同效率。

(3) 研究发现,有效地降低各子系统的熵值是促进复杂供应商网络全面协同的关键。子系统熵值降低意味着内部成员的协同效率提高,全体网络成员企业应适时加强新思想、新文化等负熵的引入来促进整体协同意识的进步。此外,主制造商作为子系统的核心,有必要在供应商分类的基础上针对不同类别的供应商开展面向供应商网络成员深度参与的激励策略研究,以实现高效管理供应商网络的目标。

3.7　本章小结

当智能、协同、网络等要素组合在一起时,智能制造主制造商和其供应商之间的行为调整为新的范式,各节点企业以网络的形式连接起来,形成一个合作共生的供应商网络生态系统。本章依托复杂网络理论和协同理论,给出了复杂供应商网络的定义及其内外部特征;为避免主制造商和供应商角色混叠对研究造成的影响,借助生态学中用于判定关键物种的网络模块化相关参数对主制造商进行识别;从复杂适应系统的角度出发,以跨越尺度的结构特征为切入点,将宏观的复杂供应商网络转化为多个以主制造商为核心的多级供应商微观子系统;为合理量化子系统结构模型中成员的协同关系,引入协同熵函数和犹豫模糊记分函数,构建了复杂供应商网络协同评价模型;在此基础上,通过对子系统内部各层级供应商的协同熵值、协同效率和协同比的逐级累进、迭代归总,实现了对复杂供应商网络从局部至整体的协同效率评价。案例分析中选择国内某大型电池制造企业 G 公司的关键供应商为研究对象,针对"供应商网络 G"应用所提 RBL 理论和复杂供应商网络协同评价方法对 G 公司的供应商协同效率进行评价,并根据评价结果给出管理启示。

本章不仅针对智能制造复杂供应商网络进行了理论研究的创新,同时将理论研究成果应用于制造企业管理实践,为制造企业复杂供应商网络协同效率评价提供一种可行的管理方案。

第4章

智能制造背景下基于分类管理的供应商效率评价

4.1 构建智能制造企业供应商分类指标体系及评价指标体系

4.1.1 评价指标体系构建原则

1. 相对独立性原则

随着我国智能制造能力的蓬勃发展,对于智能制造企业供应商效率评价的研究比较丰富,故在评价指标体系的描述方面存在信息重叠的现象。因此,在构建智能制造企业供应商效率评价指标体系过程中应尽量选择具有相互独立性的指标,不能出现包含或者重复现象,确保能够对各指标之间进行横向、纵向的比较,从而使后续的评价结果具有科学性和准确性。

2. 科学简明性原则

构建的评价指标体系必须尊重科学,必须能够客观真实地反映出智能制造企业供应商的真实情况,且设计的指标体系不能太大也不能太小。若构建的指标体系太大,会导致指标之间存在依赖关系,会使后期的评价工作变得烦琐;若构建的指标体系太小,就不能反映供应商的真实水平,最终影响评价结果。

3. 灵活可操作性原则

指标的选择不能脱离实际情况,要在实际可操作的前提下设置评测指标。所有的指标需要在查阅一些资料或者进行调查后才能获得,而且这些指标必须真实反映核心企业的真实综合实力,同时保证在评价过程中指标数据的可获得性和可操作性。在后续处理中,指标的计算通过标准化、规范化的计算过程得出结果,计算的方法尽量简单,这样有利于提高工作效率、降低工作成本,企业也可以结合自身实际情况对供应商评价指标灵活运用。

4. 可扩展性原则

随着经济的不断发展,企业市场也在快速变化,为适应市场的变化,企业需要进行不断调整,不同状态下的企业各方需求都有所不同,导致企业在供应商评价指标上具有变动性,所建立的指标体系除了含有一些稳定的指标之外还必须包括一些可变动的指标,故要求指标体系具有一定的可扩展性。

5. 定性与定量相结合原则

指标体系中存在复杂、难以量化的指标,故在构建指标体系时,需要充分考虑定量和定性指标对供应商的综合影响,设计定量指标时,要有合理的评价取值方式;设计定性指标时,需根据某种标准进行赋值。

4.1.2 智能制造企业供应商分类指标构建

本节将从战略潜力和绩效表现视角界定智能制造企业供应商类型,并通过文献分析、企业访谈等方式建立包含绩效表现与战略潜力两个维度的指标体系,具体的供应商分类指标体系如图4-1所示。

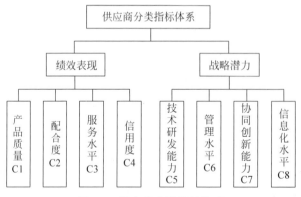

图4-1 供应商分类指标体系

1. 绩效表现维度

绩效表现维度主要包括产品质量、配合度、服务水平以及信用度四个指标。

(1) 产品质量

产品质量是指企业依据特定的质量标准对供应商提供的产品进行严格的界定,包括产品的规划、设计、制造、检测、计量、运输、储存、销售、售后服务、生态回收等一系列过程。产品质量是供应商绩效表现的重要衡量指标。

（2）配合度

配合度是指企业与供应商在合作期间，供应商与企业适合共存的程度，供应商是否配合企业完成需求，能否帮助企业解决实际问题。企业一般按照供应商的配合次数来定义配合度，其计算公式如下：

$$配合度 = \frac{配合次数}{合作总次数} \times 100\% \tag{4-1}$$

（3）服务水平

服务水平是指企业与供应商在合作期间，供应商为企业提供了包括售前、售后、供货等各种服务，企业根据其提供的服务是否满足企业需求而进行评估。

（4）信用度

信用度一般是指企业从社会信誉、经济状况、商品交易的履约情况等方面反映出来的买卖遵约守信程度，其计算公式如下：

$$信用度 = \left(1 - \frac{违约次数}{合作总次数}\right) \times 100\% \tag{4-2}$$

2. 战略潜力维度

战略潜力维度主要包括技术研发能力、管理水平、协同创新能力和信息化水平四个指标。

（1）技术研发能力

技术研发能力是指供应商和企业能否在掌握现有科学技术知识的基础上，把握市场需求，找到问题，确定选题，并组织人力物力去解决问题的能力。它是创新资源投入积累的结果。

（2）管理水平

企业在不同的发展阶段其管理水平也不同，常见的管理水平由低至高可分为自由管理、强制管理、制度管理、整合管理和文化管理。

（3）协同创新能力

协同创新能力是指企业与供应商各自发挥能力优势，整合互补资源，实现双方的优势互补，实现企业创新的能力。

（4）信息化水平

信息化水平是企业发展的关键要素，企业与供应商的合作就是沟通交流的过程，良好的信息化水平可以帮助企业及时、高效地共享信息，保证双方工作有效地完成，实现企业价值的最大化。

3. 分类指标划分

综上可知，供应商分类指标包括两个一级指标，八个二级指标，具体划分如表 4-1 所示。

表 4-1　供应商分类

一级指标	二级指标	指标类型	量化公式
绩效表现	产品质量	定性	专家打分
	配合度	定量	公式计算
	服务水平	定性	专家打分
	信用度	定量	公式计算
战略潜力	技术研发能力	定性	专家打分
	管理水平	定性	专家打分
	协同创新能力	定性	专家打分
	信息化水平	定性	专家打分

4.1.3　智能制造企业供应商效率评价指标构建

依据智能制造的定义以及相关智能制造企业供应商文献,总结出智能制造企业供应商的三大特点:智能化水平高、产品竞争力强、个性化服务好。本书搜集大量国内外关于供应商评价文献,分析得出质量、成本、交货、服务等都是供应商评价中的重要指标。同时,通过对国内外学者关于评价指标体系的研究成果的总结,以及对智能制造企业供应商的特点分析和构建供应商效率评价指标体系原则,从供应商效率、智能制造视角对基础指标进行了重构,形成智能企业供应商评价指标体系。构建的指标体系包括产品维、智能维和运营维三个维度,每个维度分为不同的类,每个类又细分为不同的要素域,具体情况如图 4-2 所示。

1. 产品维

产品维中包含产品生态化、产品质量和产品成本三个类,每个类划分为不同的指标,每个指标具体代表的含义描述如下。

(1) 产品生态化

随着人们环保意识的提高,绿色生产变得尤其重要。产品生态化成为制造业供应商效率评价的重要衡量指标,主要包括禁用物质超标和环保水平。

① 禁用物质超标

禁用物质超标是指制造业在生产加工过程中根据相关的国家标准和法律法规或客户要求而禁止使用的某种或某些物质,根据不同制造业的性质,禁用物质的评价标准也是不一样的。

② 环保水平

环保水平是企业管理体系的一部分,用来制定和实施其环境方针,管理其环境因素。

(2) 产品质量

产品质量是指企业依据特定的质量标准对供应商提供的产品进行严格的界定,包括产品的规划、设计、制造、检测、计量、运输、储存、销售、售后服务、生态回收

图 4-2 供应商效率评价指标体系

等一系列过程。产品质量是供应商绩效表现中的重要衡量指标,主要包括产品合格率、批不良率和在线不良率。

① 产品合格率

产品合格率是指供应商在供货期内,进料检验产品合格数量与进料检验数量的比值,其计算公式为

$$P = \frac{q}{Q} \times 100\% \tag{4-3}$$

其中，P 为产品合格率；q 为进料检验合格数量；Q 为检验产品总数量。

② 批不良率

批不良率是指在一定时期内，所有的检验批中，因检验判定不合格而导致整个检验批需要返工（或返修或报废）的批数占总的检验批的批数的比例，其计算公式为

$$C = \frac{a}{A} \times 100\% \tag{4-4}$$

其中，C 为批不良率；a 为不良批数；A 为总检验批数。

③ 在线不良率

在线不良率是指供应商在供货期间，企业在投入生产中，因供应商提供的产品而导致生产出现故障的比例，其计算公式为

$$H = \frac{e}{E} \times 100\% \tag{4-5}$$

其中，H 为在线不良率；e 为故障次数；E 为总生产次数。

（3）产品成本

企业在采购过程中不能只看采购成本，采购成本低的供应商不一定是最合适的，总成本最低才是最佳的供应商。总成本是指某原材料或者零部件在使用过程中、生命周期结束前所需要的一切支出，包括产品单价和价格稳定程度。

① 产品单价

产品单价是指企业购买供应商提供产品的价格。

② 价格稳定程度

价格稳定程度是指一段时间内供应商产品的报价与基准价的变化程度。

2. 智能维

（1）信息融合

数据和信息加以联合、相关及组合，可以获得更为精确的位置估计及身份估计，从而实现对战场态势和威胁以及其重要程度实时、完整评价的处理过程，包括数据应用和数据安全。

① 数据应用

数据应用是指对供应商各式各样的数据进行采集、存储和关联分析，从中发现新知识、创造新价值的能力。

② 数据安全

数据安全是指为数据系统建立技术和管理的安全保护，使得数据不因偶然和恶意的原因遭到破坏、更改和泄露，并通过采用各种技术和管理措施，确保网络数据的可用性、完整性和保密性。建立安全保护措施的目的是确保数据不会发生增

加、修改、丢失和泄露等情况。

(2) 信息协同

信息协同以信息资源为基础,通过信息系统协同作业平台,利用计算机网络和通信系统,通过配置协同策略,满足用户需求,包含信息共享程度、应用集成和系统集成。

① 信息共享程度

信息共享程度是指在信息标准化和规范化的基础上,依据信息系统技术和传输技术,信息和信息产品在不同层次、不同部门信息系统间实现交流与共享的程度。

② 应用集成

应用集成是指将各种不同平台、不同方案建立的应用软件和系统有机地集成到一个易于访问的单一系统中,并使它们就像一个整体一样,进行业务处理和信息共享。

③ 系统集成

系统集成是指将软件、硬件与通信技术组合起来为用户解决信息系统问题,集成前的各个分离部分原本就是一个个独立的系统,集成后的整体的各部分之间能彼此有机地和协调地工作,以发挥整体效益,达到整体优化的目的。

(3) 资源要素

供应商企业资源要素包括战略管理、人员配置和组织建设等因素。

① 战略管理

战略管理是指对一个企业或组织在一定时期的全局的、长远的发展方向、目标、任务和政策,以及资源调配做出的决策和管理。

② 人员配置

人员配置是指供应商企业中关于人员不足、过剩以及综合素质等配置问题。

③ 组织建设

供应商的组织建设主要是指供应商企业通过强化日常监督,提高组织管理水平所做的活动。

(4) 智能配送

供应商企业智能配送主要包含智能物流和智能仓储。

① 智能物流

智能物流能模仿人的智能,具有思维、感知和学习能力,能推理判断和自行解决物流中的某些问题。

② 智能仓储

智能仓储可以智能化实现货物的入厂、分拣、出厂等各个环节的作业,合理保持和控制企业库存。

3. 运营维

1）供应能力

制造业的订单需求往往是不确定的，若供应商能及时地提供原材料，可大大加强企业与效率型供应商之间的合作。供应能力主要包括准时交货率和供应柔性。

（1）准时交货率

准时交货率是指在一定的周期内，按时交货的批次数量占总批次数量的比例。准时交货对于制造方来说至关重要，其计算公式如下：

$$R = \frac{m}{M} \times 100\% \tag{4-6}$$

其中，R 为准时交货率；m 为准时交货批次数；M 为总批次数。

（2）供应柔性

供应柔性衡量的是其对订单变化的反应灵敏度指标，表示的是供应商在约定的交货周期内可以接受的订单增加或减少的情况[47]。

2）顾客满意度

（1）投诉率

投诉率是指在合作期间，供应商收到的投诉次数占总合作次数的比例，其计算公式如下：

$$Z = \frac{x}{X} \times 100\% \tag{4-7}$$

其中，Z 为投诉率；x 为投诉次数；X 为总合作次数。

（2）解决问题时效性

解决问题时效性是指在业务合作中，供应商对于提供产品或服务出现问题所需的解决时间。

3）管理水平

（1）企业规模管理

供应商拥有的用于生存和发展的资源基础，按照有关标准进行企业规模划分。

（2）财务状况

财务状况是指供应商在财务方面的综合表现，具体可表现在供应商盈利、负债、资金周转等信息。

4）设计研发与创新

（1）产品研发能力

供应商投入新产品的研发费用与传统产品的投入费用的对比。

（2）协同创新能力

协同创新能力是指在技术和各种实践活动领域中不断提供具有新价值、新方法和新发明的能力。

4. 评价指标划分

基于上述评价指标体系进一步划分供应商评价指标，将其分为目标层、准则层、指标层,共包括 25 个指标,其指标类型和量化公式如表 4-2 所示。

表 4-2 供应商评价指标划分

目标层	准则层	指标层	指标类型	量化公式
产品维	产品生态化	禁用物质超标	定性	专家打分
		环保水平	定性	专家打分
	产品质量	产品合格率	定量	公式计算
		批不良率	定量	公式计算
		在线不良率	定量	专家打分
	产品成本	产品单价	定量	系统导出
		价格稳定程度	定性	专家打分
智能维	信息融合	数据应用	定性	专家打分
		数据安全	定性	专家打分
	信息协同	信息共享程度	定性	专家打分
		应用集成	定性	专家打分
		系统集成	定性	专家打分
	资源要素	战略管理	定性	专家打分
		人员配置	定性	专家打分
		组织建设	定性	专家打分
	智能配送	智能物流	定性	专家打分
		智能仓储	定性	专家打分
运营维	供应能力	准时交货率	定量	公式计算
		供应柔性	定性	专家打分
	顾客满意度	投诉率	定量	公式计算
		解决问题时效性	定性	专家打分
	管理水平	企业规模管理	定性	专家打分
		财务状况	定性	专家打分
	设计研发与创新	产品研发能力	定性	专家打分
		协同创新能力	定性	专家打分

4.1.4 指标权重计算

1. AHP 计算步骤

AHP 计算步骤如图 4-3 所示。图中 C.I. 是一致性指标,C.R. 为一致性比率,它们的计算公式分别为

$$C.I. = \frac{\lambda_{max} - n}{n - 1} \tag{4-8}$$

$$C.R. = \frac{C.I.}{R.I.} \tag{4-9}$$

式中,λ_{max} 为判断矩阵的最大特征值;n 是判断矩阵的阶数;R.I. 为判断矩阵的平

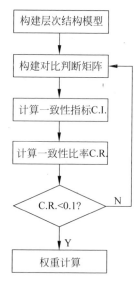

图 4-3 AHP 计算步骤

均随机性指标值,其值如表 4-3 所示。判断矩阵中的数值是根据 Saaty 提出的比例标度法设计的,具体标准如表 4-4 所示。权重按照如下的公式进行计算:

$$w_i = \sum_{j=1}^{3}(c_{ij} \cdot b_j) \qquad (4\text{-}10)$$

其中,w_i 为最终叶子指标对总指标的权重,c_{ij} 为下一层次指标对上一层次指标的权重;b_j 为上一层次指标对最高层次指标的权重。

表 4-3 R.I. 的取值规则

判断矩阵的阶数	1	2	3	4	5	6	7	8	9	10	11	12	13
R.I.	0	0	0.52	0.89	1.12	1.26	1.36	1.41	1.46	1.49	1.52	1.54	1.56

表 4-4 AHP 比例标度法

量化值	重要程度对比
1	表示因素 i 和因素 j 相比,同样重要
3	表示因素 i 比因素 j 稍微重要
5	表示因素 i 比因素 j 较重要
7	表示因素 i 比因素 j 强烈重要
9	表示因素 i 比因数 j 极端重要
2,4,6,8	两相邻判断的中间值

2. 熵值法计算指标权重

熵值法是一种典型的客观赋权法[173]。它根据熵的定义计算指标体系中各指标的信息熵值,并根据指标的相对变化程度对系统整体的影响来决定指标的权重。

指标相对变化程度大的权重值大,反之则权重值小。熵值法的计算步骤如下:

(1) 原始数据的搜集和整理。首先确定评价指标体系,然后收集指标数据,最后形成评价系统的原始数据矩阵。

(2) 标准化处理。对于不同的指标,其量纲是不同的,为消除其造成的影响,必须先对各指标的原始数据进行标准化处理。

(3) 计算指标信息熵值。根据熵的定义计算各项指标的熵值,指标的熵值与1之间的差值直接决定着该指标的信息效用价值,直接影响权重值大小。

(4) 计算评价指标权重。通过对各指标的熵值进行归一化处理得到最终权重值。

对于一个 m 行 n 列的原始数据集,其采用熵值法计算指标权重的步骤为

$$Y_{ij} = \frac{X_{ij}}{\sum_{i=1}^{m} X_{ij}}$$

$$e_j = -\sum_{i=1}^{m}(Y_{ij} \times \ln Y_{ij})$$

$$d_j = 1 - e_j$$

$$w_j = \frac{d_j}{\sum_{j=1}^{n} d_j}$$

式中,X_{ij} 为第 i 行第 j 列的指标值;Y_{ij} 为第 j 列指标下第 i 行样本占该指标的比重;e_j 为第 j 列指标的熵值;d_j 为第 j 列指标的信息效用价值;w_j 为第 j 列指标的权重。

3. AHP-熵值法计算综合权重值

AHP法计算的权重结果趋于主观,熵值法计算的权重结果趋于客观,若将两者结合,应用效果更好。因此在实际应用场景中常设定一个组合权系数 λ,将两者的权重结果结合起来计算综合权重值,其表达式为

$$w = \lambda \beta_i + (1-\lambda)\theta_i, \quad i=1,2,\cdots,n \tag{4-11}$$

其中 $\lambda \in [0,1]$;w 为最终权重;β_i 为 AHP 法计算的权重结果,θ_i 为熵值法计算的权重结果。

4.1.5 分类算法

1. 贝叶斯算法相关概念及优缺点

智能制造企业供应商分类指标体系之间存在非线性关系且具有模糊性,传统的统计分析、多属性决策方法难以高效、精确地实现分类,然而运用人工智能的方法可以有效解决此问题[174]。常见的用于分类的人工智能方法有支持向量机

(support vector machine,SVM)、决策树(decision tree)和贝叶斯等,这三种方法在处理小样本数据具有很大的优势,但后续实验发现贝叶斯分类算法在供应商分类中优势更大,精确度更高。

贝叶斯分类算法是统计学的一种分类方法,它利用概率统计知识进行分类。该算法能运用到大型数据库中,而且具有方法简单、分类准确率高、速度快的特点。其基本特征是假定属性值相互条件独立,即属性间不存在依赖关系。利用贝叶斯定理,结合过去实验中事件出现的概率可以预测未来事件出现的概率。在供应商分类过程中,通过贝叶斯算法计算供应商在各个类中出现的概率,供应商在哪个类(级别)出现的概率大,就将其归为哪个类(级别)。

对于一个未知类的 n 维数据样本 $X=\{x_1,x_2,\cdots,x_n\}$,它的 n 个属性为 $\{A_1, A_2,\cdots,A_n\}$。假设共分为 m 类 $\{C_1,C_2,\cdots,C_m\}$。贝叶斯分类算法将其分配到 $C_i(1\leqslant i\leqslant m)$ 类,当且仅当 $P(C_i|X)>P(C_j|X), 1\leqslant j\leqslant m, j\neq i$,即供应商在 C_i 类出现的概率最大。由贝叶斯定理可得

$$P(C_i \mid X) = \frac{P(X \mid C_i)P(C_i)}{P(X)} \quad (4\text{-}12)$$

式中,$P(C_i|X)$ 为样本 X 在 C_i 类中出现的概率。根据属性独立性的假设,式(4-12)可变为

$$P(C_i \mid X) = \frac{P(C_i)}{P(X)} \prod_{k=1}^{n} P(x_k \mid C_i) \quad (4\text{-}13)$$

其中,$P(X)$ 均为常数,$P(C_i)=\frac{S_i}{S}$,S_i 是类 C_i 中的训练样本数,S 是训练样本总数,$\prod_{k=1}^{n} P(x_k \mid C_i)$ 可以用训练样本来估值。因此,贝叶斯分类模型可表示为

$$V_{nb} = \arg\max P(C) \prod_{k=1}^{n} P(x_k \mid C) \quad (4\text{-}14)$$

贝叶斯分类模型的优点如下:

(1) 它在接受大数据量训练和查询时具备较高的速度。即使选用超大规模的训练集,针对每个项目通常也只会有相对较少的特征数,并且对项目的训练和分类仅仅是针对特征概率的数学。尤其当训练量逐渐递增时则更加如此——在不借助任何旧有训练数据的前提下,每一组新的训练数据都有可能会引起概率值的变化。

(2) 对分类器实际学习状况的解释还是相对简单的。由于每个特征的概率值都被保存了起来,因此可以在任何时候查看数据库,保存在数据库中的这些信息都很有价值,它们有可能被用于其他的应用程序,或者作为构筑这些应用程序的良好基础。

贝叶斯分类模型的缺点为:朴素贝叶斯分类模型无法处理基于特征组合所产生的变化结果。

2. 支持向量机(SVM)相关概念及优缺点

经典的 SVM 算法主要应用于二分类问题,但大多数的实际问题都是多分类问题,常见的解决 SVM 多分类问题的方法有两种:直接构建优化多类分类模型和构建多个二类分类器,本书后续实验采用构建多个二类分类器实现求解供应商多分类问题。SVM 分类算法类似一个神经网络模型,输出是中间节点的线性组合,每个中间节点对应一个支持向量。SVM 模型的框架如图 4-4 所示。

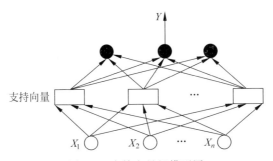

图 4-4 支持向量机模型图

在 SVM 中,核函数是重要的组成部分,不同的核函数会形成不一样的 SVM 算法,常见的核函数有三种:多项式核函数、径向基核函数和 Sigmoid 核函数。

(1) 多项式核函数。其表达式为

$$K(x, x_i) = [(x \cdot x_i) + 1]^d$$

其中,d 表示核参数,x 表示样本数据。

(2) 径向基核函数。其表达式为

$$K(x, x_i) = \exp\left\{\frac{|x - x_i|^2}{\delta^2}\right\}$$

其中,δ 是核参数。

(3) Sigmoid 核函数。其表达式为

$$K(x, x_i) = \tanh(v(x \cdot x_i) + c)$$

其中,v, c 都是核参数。此时 Sigmoid 核函数为包含一个隐藏层的多层感知器。

本章提出了供应商三分类问题,假设供应商类型标签为 $m \in (0, 1, 2)$,分别表示问题型供应商、效率型供应商和战略型供应商,采用构建多个二类分类器完成实验,共需构造 $3 \times (3-1)/2 = 3$ 个二类分类器。

SVM 分类算法的优点如下:

(1) SVM 利用内积核函数代替向高维空间的非线性映射;

(2) SVM 的目标是对特征空间划分最优超平面,SVM 方法核心是最大化分类边际;

(3) SVM 适用于小样本学习方法,基本不涉及概率测度等统计方法;

(4) SVM 避开从归纳到演绎的传统过程,实现了高效的从训练样本到预报样

本的"转导推理",大大简化了通常的分类和回归等问题;

(5) SVM 具有较好的"鲁棒"性。

SVM 分类算法也有一些缺点,主要体现在如下方面:

(1) SVM 算法对大规模训练样本难以实施;

(2) 用 SVM 解决多分类问题存在困难。

3. 决策树相关概念及优缺点

决策树(decision tree)是指在已知各种情况发生概率的基础上,通过构成树结构来求取净现值的期望值大于或等于零的概率,评价项目风险,判断其可行性的决策分析方法,它是直观运用概率分析的一种图解法。由于这种决策分支画成图形很像一棵树的枝干,故称为决策树。决策树是一种树形结构,其中每个内部节点表示一个属性上的测试,每个分支代表一个测试输出,每个叶节点代表一种类别,其模型图如图 4-5 所示。

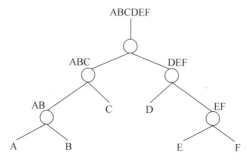

图 4-5 决策树模型图

决策树(分类树)是一种十分常用的分类方法。它是一种监管学习方法,所谓监管学习就是给定一堆样本,每个样本都有一组属性和一个类别,这些类别是事先确定的,那么通过学习将得到一个分类器,这个分类器能够对新出现的对象给出正确的分类,这样的机器学习就也被称为监督学习。

决策树(分类树)有如下优点:

(1) 决策树易于理解和实现,使用者在学习过程中不需要了解很多的背景知识。

(2) 对于决策树,数据的准备往往是简单的或者是不必要的,而且能够同时处理数据型和常规型属性,在相对短的时间内能够对大型数据源做出可行且效果良好的结果。

(3) 易于通过静态测试来对模型进行评测,可以测定模型可信度;如果给定一个观察的模型,那么根据所产生的决策树很容易推出相应的逻辑表达式。

决策树(分类树)也有一些缺点,主要体现在以下几个方面:

(1) 对连续性的字段比较难预测。

(2) 对有时间顺序的数据,需要很多预处理的工作。

(3) 当类别太多时,错误可能就会增加得比较快。

(4) 在对一般的算法分类时,只是根据一个字段来分类。

经过实验对比,贝叶斯分类算法对于供应商分类的准确率更高、稳定性更好,因此在后续模型构建中使用贝叶斯分类算法进行供应商分类。

4.2 改进 PSO 算法

4.2.1 粒子群优化算法概念

粒子群优化(PSO)算法是一种模仿昆虫、鸟群和鱼群等群集行为的优化算法,它可以引导粒子在空间内迭代搜索最优解。粒子都有速度和位置,在优化求解过程中,每一个粒子位置都代表一个潜在解[175]。假设粒子群体中有 m 个粒子,在第 t 次迭代中,第 i 个粒子的位置可表示为 $\boldsymbol{X}_i = (x_{i1}, x_{i2}, \cdots, x_{in})$,粒子的速度为 $\boldsymbol{V}_i = (v_{i1}, v_{i2}, \cdots, v_{in})$,其中 $n = 1, 2, \cdots, m$。每一次迭代,种群中所有粒子按照如下方程进行速度和位置的更新。

$$\boldsymbol{V}_i^{t+1} = \omega \boldsymbol{V}_i^t + c_1 \gamma_1 (\boldsymbol{P}_i^t - \boldsymbol{X}_i^t) + c_2 \gamma_2 (\boldsymbol{P}_g^t - \boldsymbol{X}_i^t) \tag{4-15}$$

$$\boldsymbol{X}_i^{t+1} = \boldsymbol{X}_i^t + \boldsymbol{V}_i^{t+1} \tag{4-16}$$

其中,$\boldsymbol{P}_i^t$ 表示个体最优解;$\boldsymbol{P}_g^t$ 是群体最优解;ω 是惯性权重[176],取值范围在 $[0,1]$ 之间;c_1, c_2 为学习因子,$c_1 = c_2 = 1.49445$;γ_1, γ_2 为 $[0,1]$ 内的随机数。

4.2.2 粒子群优化算法特点

PSO 算法具有概念简单、调整参数少、编程简单易于实现等优点,在很多优化领域都有所涉及,但也存在早熟收敛、参数的初始化问题和求解精度不高等方面的缺陷[177]。本章针对早熟收敛问题,在带有收缩因子和自适应变异粒子群优化算法[178]的基础上,提出改进粒子群优化算法——划分-概率变异粒子群(division-probability mutation particle swarm optimization, DPMPSO)算法,以增加粒子的多样性,阻止粒子早熟收敛。

4.2.3 改进粒子群优化算法

改进粒子群优化算法主要有以下两个操作:

(1) 划分操作(division, D)

划分操作是将粒子群按照种群进行划分,为变异操作做准备。在粒子寻优过程中,计算粒子的适应度值,对计算结果采取划分操作,划分子种群。设一个足够小的整数 ε,若它满足如下条件:

$$\frac{f(\boldsymbol{X}_i^t)}{f_{\text{avg}}^t} \leqslant \varepsilon \tag{4-17}$$

则称 X_i^t 为优异粒子(excellent particle,EP),反之则称 X_i^t 为低劣粒子(inferior particle,IP)。其中,f_{avg}^t 是第 t 代粒子适应度的平均值,满足 $f_{avg}^t = \frac{1}{m}\sum_{i=1}^{m}f(X_i^t)$。所有 EP 构成优异子种群(excellent subpopulation, ESP),记为 $X_{EP\_\alpha}^t$,$\alpha \in (1,2,\cdots,\theta)$,所有 IP 构成低劣子种群(inferior subpopulation, ISP),记为 $X_{IP\_\beta}^t$,$\beta \in (1,2,\cdots,\varphi)$,且 $\theta+\varphi=m$。通过对 ε 的取值进行动态设置,控制子种群的划分,ε 的计算公式如下:

$$\varepsilon = \varepsilon_2 - \frac{t_{max}-t}{t_{max}}(\varepsilon_2-\varepsilon_1) \tag{4-18}$$

其中,ε_1、ε_2 分别为 ε 的初始值和最终值($\varepsilon_2 > \varepsilon_1$);$t_{max}$ 为最大允许迭代次数;t 为当前迭代数。迭代初期,ISP 中粒子数量较多,即变异的粒子多,可增加粒子的多样性。迭代后期,可变异粒子减少,粒子向最优解靠拢。

(2) 概率变异(probability mutation,PM)

传统的自适应变异只对某些粒子以一定的概率重新初始化[179],未对变异的对象以及变异对象的概率进行合理定义,这对寻优的结果有一定影响。粒子变异后会产生新的位置信息,假设新产生的粒子位置为 $X_{son\_\beta}^t$,设计 $X_{son\_\beta}^t$ 的变异算子如下:

$$X_{son\_\beta}^t = X_{IP\_\beta}^t + P_v \sqrt{\sum_{d=1}^{D}(X_{\beta\_d}^t - X_{P_g\_d}^t)^2} \boldsymbol{\psi} \odot V_{IP\_\beta}^t \tag{4-19}$$

其中,P_v 表示粒子的变异概率,$P_v = f(X_{IP\_\beta}^t)\Big/\sum_{\beta=1}^{\varphi}f(X_{IP\_\beta}^t)$;$\sqrt{\sum_{d=1}^{D}(X_{\beta\_d}^t - X_{P_g\_d}^t)^2}$ 是第 β 个 NEP 位置偏离当前迭代全局最优值位置的欧几里德距离;方向系数 $\boldsymbol{\psi}$ 是 [-1,1] 内随机数组成的 $1\times D$ 矩阵;⊙ 表示哈达玛(Hadamard)积[180]。迭代初期,IP 与全局最优解的欧几里德距离大,此时粒子搜索全局最优值的能力会增强。迭代中期,粒子逐渐向全局最优值靠近,距离逐渐减小,此时算法更加注重搜索后期的开发能力。迭代后期,粒子收敛至全局最优解。

通过 Ackley 非线性函数[181]比较原始的 PSO 算法和改进的 PSO 算法的性能,Ackley 函数如下所示:

$$y = -c_1 \exp\left(-0.2\sqrt{\frac{1}{n}\sum_{j=1}^{n}x_i^2}\right) - \exp\left(\frac{1}{n}\sum_{j=1}^{n}\cos(2\pi x_j)\right) + c_1 + e \tag{4-20}$$

其中,$c_1=2$,$e=2.71282$,$n=2$。迭代实验结果如图 4-6 所示。

传统 PSO 算法在迭代 45 次时得到最优个体适应度值 0.0095,接近函数实际最优值,说明 PSO 算法具有较强的函数寻优能力。而 DPMPSO 算法在迭代 106 次时得到最优个体适应度值 0,这与 Ackley 函数全局最优值是吻合的,从实验结果得出,DPMPSO 算法能够跳出局部极小值点,改善传统 PSO 算法早熟收敛的问题。

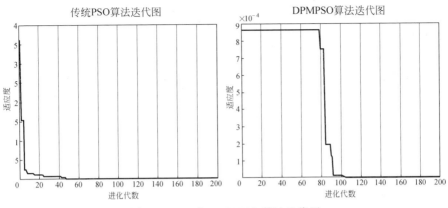

图 4-6　PSO 与 DPMPSO 算法迭代图

4.3　基于 DPMPSO-BP 构建智能制造供应商评价模型

4.3.1　基于 DPMPSO 改进 BP 神经网络算法

粒子群结合 BP 神经网络主要是对网络结构中的阈值和权值进行优化,使预测模型找到最优权值与阈值,用于网络的训练和预测。DPMPSO-BP 算法步骤如下:

步骤 1　确定 BP 神经网络结构和超参数,包括输入节点数 n_{in}、隐藏层节点数 n_{hid}、输出层节点数 n_{out}、激活函数、训练函数、最大训练次数、误差以及学习率等参数。

步骤 2　初始化粒子信息以及粒子的位置和速度。PSO 算法所需参数包括种群规模 m,粒子维度 D,最大迭代次数 t_{max},惯性权重初始值和终止值 ω_0 和 ω_1,学习因子 c_1,c_2,粒子最大速度与最小速度 v_{max} 和 v_{min}。其中,粒子维度根据网络结构计算,计算公式如下:

$$D = n_{in} \times n_{hid} + n_{hid} \times n_{out} + n_{hid} + n_{out}$$

步骤 3　采用 BP 神经网络的综合误差函数作为粒子群适应度函数 F,即

$$F = \frac{1}{P} \sum_{p=1}^{P} \sum_{i=1}^{l} (\hat{y}_i^p - y_i^p)^2 \tag{4-21}$$

步骤 4　初步确定粒子个体最优解和全局最优解。

步骤 5　调用划分算法,划分粒子群为 ESP 和 ISP,ESP 进入下一代迭代搜索,ISP 调用概率变异算法产生新的位置和速度。

步骤 6　搜索粒子的个体最优值和全局最优值。如果目前的适应度值优于个体最优值,则更新,反之则直接更新粒子的速度和位置。如果粒子适应度值优于全局最优值,则更新;反之则直接更新粒子的速度和位置。

步骤 7　按式(4-8)和式(4-9)分别对其速度和位置进行更新。

步骤 8　检查是否满足粒子寻优条件,若满足则停止迭代,将粒子群的全局最优值映射到 BP 神经网络的初始权值和阈值,否则返回步骤 4,重新计算粒子的适

应度值。

步骤 9 计算 BP 神经网络的误差,对网络中的权值与阈值进行更新,并检验是否满足网络终止条件,若是,则完成网络训练,输入测试样本进行预测仿真;若不是,则重新计算误差,更新权值与阈值。算法的具体流程如图 4-7 所示。

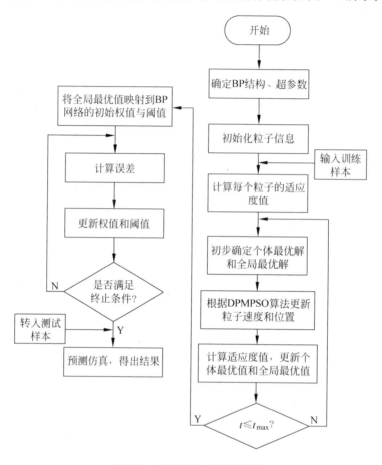

图 4-7 DPMPSO-BP 流程图

4.3.2 贝叶斯分类下的 DPMPSO-BP 神经网络评价模型

将贝叶斯分类下的 DPMPPSO-BP 神经网络模型应用于供应商效率评价,一般步骤如下:

(1) 数据收集。通过企业调研、系统数据的导出以及专家和企业相关人员打分等方法收集到原始的供应商分类和评价数据集。

(2) 供应商分类。通过朴素贝叶斯算法对供应商分类,输出效率型供应商。

(3) 供应商评价数据预处理。由于指标数据的量纲存在差异,不能直接将数据代入模型进行学习仿真,需对初始数据进行标准化处理。本书设定的指标存在

正向指标和负向指标,需根据不同性质进行不同的标准化处理。其中,正向指标的标准化处理公式为

$$z_{ij} = \frac{x_{ij} - \min\{x_{ij}\}}{\max\{x_{ij}\} - \min\{x_{ij}\}} \tag{4-22}$$

负向指标的标准化处理公式为

$$z_{ij} = \frac{\max\{x_{ij}\} - x_{ij}}{\max\{x_{ij}\} - \min\{x_{ij}\}} \tag{4-23}$$

(4)网络训练。以评价指标体系中的二级指标作为输入数据,供应商的综合效率评价值作为期望输出值,采用误差反向传播算法训练网络。

(5)结果分析。通过实验得出结果,并对实验结果进行分析,最后对供应商提出改进意见以及激励策略。

基于朴素贝叶斯分类下的 DPMPSO-BP 供应商效率评价流程如图 4-8 所示。

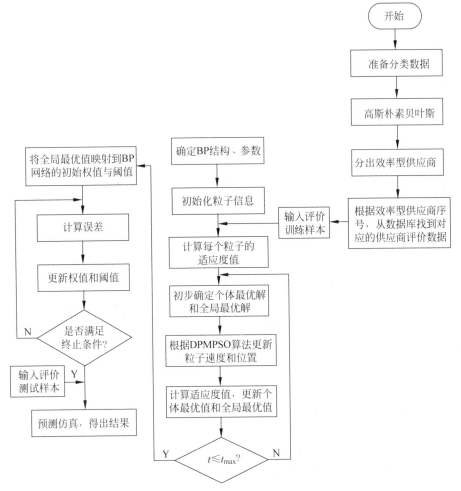

图 4-8　贝叶斯分类下的 DPMPSO-BP 供应商效率评价流程图

4.4 案例分析

4.4.1 DPMPSO-BP 神经网络模型结构设计

本案例选用的神经网络模型是由输入层、隐藏层和输出层三部分组成的,首先确定模型结构,整个模型中需要确定神经网络的输入层神经元个数、输出层神经元个数、隐藏层神经元个数、激活函数、训练函数参数、学习函数、性能函数和学习率。

1) 输入层神经元个数确定

输入层神经元个数是根据指标体系中的叶子节点个数确定的,供应商效率评价指标体系中的叶子节点为禁用物质超标、环保水平、产品合格率、批不良率、在线不良率、产品单价、价格稳定程度、数据应用、数据安全、信息共享程度、应用集成、系统集成、战略管理、人员配置、组织建设、智能物流、智能仓储、准时交货率、供应柔性、投诉率、解决问题时效性、企业规模管理、财务状况、产品研发能力和协同创新能力 25 项,故输入层个数设定为 25。

2) 输出层神经元个数确定

输出层神经元的个数是由输出结果的数量控制的,本案例的目的是帮助企业判断供应商的综合水平,用综合评价值作为预测结果,输出为综合预测值,因此,输出神经元个数为 1。

3) 隐藏层神经元个数确定

隐藏层神经元的个数确定是一个比较复杂的问题,暂时没有一个确定的公式,大多都是通过多次实验来确定,若隐藏层神经元数目设定过多,会降低训练速度,影响容错性,若设定过少,给网络提供信息就太少,因此设定一个恰当的隐藏层神经元个数至关重要,隐藏层神经元个数可以由以下经验公式进行确定:

(1) $a=\sqrt{m+n}+b$。其中,a 表示隐藏层神经元的个数;m 为输出神经元的个数,n 为输入神经元的个数;b 为 1~10 的常数。

(2) $a=\sqrt{mn}$。其中,m 为输出神经元的个数;a 为隐藏层神经元的个数;n 为输入神经元的个数。

(3) $a=\log_2 n$。其中,a 为隐藏层神经元的个数,n 为输入层神经元的个数。

本书选用第一种方式计算隐藏层的个数,故 a 的取值在区间[6,16]内。

4) 激活函数的确定

神经元与神经元之间通过连接激活函数来改变非线性关系,使神经网络表达能力更加强大。常见的激活函数有 sigmoid、tanh、Relu 等,不同的激活函数起到的作用是不同的。本案例选用的为三层神经网络,输入层到隐藏层使用的激活函数为"tansig"函数,隐藏层到输出层使用的激活函数为"purelin"函数。

5）训练函数的确定

针对 BP 神经网络的调整权值使用的训练函数主要有 traingdx、traingda 和 trainlm 等,本案例选用 traingda 函数。

6）学习函数、性能函数以及学习率的确定

本案例学习函数采用默认的 learngda 学习函数,性能函数采用常用的均方误差(mean square error,MSE)函数,学习率需要依据实验进行确定,一般选取范围在 0.01~0.1。

4.4.2 贝叶斯分类下改进 DPMPSO-BP 神经网络的应用

(1) 数据收集

针对国内某大型电池制造企业,选择其 2000 家供应商进行案例分析,由于建立的指标体系中,既有定性指标,又有定量指标,对于定性指标采取企业管理人员、专家打分得到。对于定量指标,通过系统数据导出和公式计算收集分类和评价数据。

收集到的供应商分类数据如表 4-5 所示,其中 $C_1, C_2, \cdots, C_8$ 为供应商分类指标,供应商类型分为战略型供应商、效率型供应商以及问题型供应商,在原始数据集中分别用 2,1,0 表示。

表 4-5 供应商分类数据

供应商	C_1	C_2	C_3	C_4	C_5	C_6	C_7	C_8	类型
S_1	82	34.5	53	85.06	40	70	97	58	1
S_2	65	40.18	57	83.58	37	84	99	74	1
S_3	65	44.75	98	59.6	42	36	38	61	0
S_4	64	82.12	41	56.6	52	85	79	77	1
⋮	⋮	⋮	⋮	⋮	⋮	⋮	⋮	⋮	⋮
S_{1997}	57	61.41	38	69.17	54	37	68	55	1
S_{1998}	56	43.87	31	70.13	83	95	97	62	1
S_{1999}	78	31.63	70	76.6	87	80	76	68	1
S_{2000}	77	99.08	67	77.98	87	45	69	66	1

分别使用支持向量机、决策树和朴素贝叶斯分类算法对供应商进行分类。实验过程中,使用 model_selection.train_test_split 将整个数据集划分为 1400 条随机训练集和 600 条测试集,分类准确率如表 4-6 所示。通过实验结果得知,贝叶斯算法的实验结果更加稳定,结果更加符合企业管理需求,支持向量机与决策树在训练集中的准确率高,但是测试集的准确率与训练集准确率有一定的差距,稳定性欠佳。

表 4-6　分类方法准确率比较

分类方法	训练集数目	训练集准确率	测试集数目	测试集准确率
支持向量机	1400	99.86%	600	83.83%
决策树	1400	99.83%	600	91%~94%
朴素贝叶斯	1400	94.79%	600	92.50%

运用贝叶斯算法可得，在 600 家测试供应商中，有 476 家是效率型供应商，123 家问题型供应商，1 家战略型供应商，输出这 476 家供应商的序号，通过连接数据库，获取这 476 家效率型供应商的效率评价数据。

收集到的供应商评价数据如表 4-7 所示，其中 $X_1, X_2, \cdots, X_{25}$ 是供应商评价指标。

表 4-7　供应商评价数据

供应商	X_1	X_2	X_3	X_4	X_5	⋯	X_{22}	X_{23}	X_{24}	X_{25}
S_2	50	73	42.58	3.49	43.80	⋯	36	91	37	99
S_6	45	49	30.33	36.61	32	⋯	60	62	84	68
S_7	63	46	48.95	3.21	10.75	⋯	39	73	53	74
S_{15}	95	44	67.49	40.68	31.93	⋯	78	44	49	52
⋮	⋮	⋮	⋮	⋮	⋮	⋮	⋮	⋮	⋮	⋮
S_{1986}	30	79	54.43	12.01	28.20	⋯	56	72	36	67
S_{1992}	35	38	75.53	40.35	27.39	⋯	55	91	63	52
S_{1993}	88	76	91.13	3.29	19.96	⋯	36	69	39	53
S_{2000}	57	42	77.94	12.47	33.48	⋯	93	78	87	69

(2) 数据处理

由于指标数据的量纲存在差异，不能直接将数据代入模型进行学习仿真，需对初始数据进行标准化处理。常见的标准化处理方法有最值法与和值法，本书使用最值法进行指标数据的标准化。在最值法中，对于正向指标和负向指标，其计算公式也不同。本案例设定的指标存在正向指标和负向指标，需根据不同性质进行不同的标准化处理。其中，正向指标的标准化处理公式为

$$z_{ij} = \frac{x_{ij} - \min\{x_{ij}\}}{\max\{x_{ij}\} - \min\{x_{ij}\}} \tag{4-24}$$

负向指标的标准化处理公式为

$$z_{ij} = \frac{\max\{x_{ij}\} - x_{ij}}{\max\{x_{ij}\} - \min\{x_{ij}\}} \tag{4-25}$$

正向指标有环保水平、产品合格率、价格稳定程度、数据应用、数据安全、信息共享程度、应用集成、系统集成、战略管理、人员配置、组织建设、智能物流、智能仓储、准时交货率、供应柔性、解决问题时效性、财务状况、产品研发能力和协同创新能力，

负向指标包括禁用物质超标、批不良率、在线不良率、产品单价和投诉率。经过标准化处理后的评价数据如表 4-8 所示。

表 4-8 评价数据标准化处理

供应商	X_1	X_2	X_3	X_4	…	X_{22}	X_{23}	X_{24}	X_{25}
S_2	0.7101	0.6232	0.1760	0.9491	…	0.0870	0.8841	0.1014	1.000
S_6	0.7826	0.2754	0.0219	0.2727	…	0.4348	0.4638	0.7826	0.4655
S_7	0.5217	0.2319	0.2675	0.9549	…	0.1304	0.6232	0.3333	0.5690
S_{15}	0.0580	0.2029	0.5338	0.1895	…	0.6957	0.2174	0.2754	0.1897
⋮	⋮	⋮	⋮	⋮	⋮	⋮	⋮	⋮	⋮
S_{1986}	1.000	0.7101	0.3318	0.7751	…	0.3768	0.6087	00807	0.4483
S_{1992}	0.9275	0.1159	0.6493	0.1963	…	0.3623	0.8841	0.4783	0.1897
S_{1993}	0.1594	0.6667	0.8734	0.9532	…	0.0870	0.5652	0.1304	0.2069
S_{2000}	0.6087	0.1793	0.6840	0.7657	…	0.9130	0.6957	0.8261	0.4828

（3）评价数据期望输出值确定

获取评价数据后，需要确定期望输出值（期望效率评价值），本书采用加权平均的方法确定期望输出值，采用此方法之前需要确定每个指标的权重，本案例采用 AHP-熵值法计算指标权重，设置 λ 为 0.5，计算的各指标权重如表 4-9 所示。通过加权平均计算期望值，标准化后的数据如表 4-10 所示。

表 4-9 指标权重表

指　　标	AHP 权重	熵值法权重	AHP-熵值法权重
禁用物质超标	0.024	0.008	0.016
环保水平	0.077	0.051	0.064
产品合格率	0.102	0.138	0.120
批不良率	0.068	0.012	0.040
在线不良率	0.059	0.021	0.040
产品单价	0.012	0.032	0.024
价格稳定程度	0.128	0.064	0.096
数据应用	0.010	0.030	0.020
数据安全	0.024	0.016	0.020
信息共享程度	0.146	0.054	0.100
应用集成	0.049	0.051	0.050
系统集成	0.058	0.042	0.050
战略管理	0.042	0.018	0.030
人员配置	0.024	0.036	0.030
组织建设	0.017	0.023	0.020
智能物流	0.056	0.024	0.040

续表

指标	AHP 权重	熵值法权重	AHP-熵值法权重
智能仓储	0.065	0.015	0.040
准时交货率	0.093	0.017	0.060
供应柔性	0.074	0.006	0.040
投诉率	0.037	0.003	0.020
解决问题时效性	0.028	0.012	0.020
企业规模管理	0.013	0.007	0.010
财务状况	0.008	0.012	0.010
产品研发能力	0.015	0.005	0.010
协同创新能力	0.049	0.011	0.030

表 4-10　标准化评价数据

供应商	X_1	X_2	X_3	X_4	…	X_{22}	X_{23}	X_{24}	X_{25}	评价值
S_2	0.7101	0.6232	0.1760	0.9491	…	0.0870	0.8841	0.1014	1.000	0.8254
S_6	0.7826	0.2754	0.0219	0.2727	…	0.4348	0.4638	0.7826	0.4655	0.6908
S_7	0.5217	0.2319	0.2675	0.9549	…	0.1304	0.6232	0.3333	0.5690	0.6464
S_{15}	0.0580	0.2029	0.5338	0.1895	…	0.6957	0.2174	0.2754	0.1897	0.5873
⋮	⋮	⋮	⋮	⋮	⋮	⋮	⋮	⋮	⋮	⋮
S_{1986}	1.000	0.7101	0.3318	0.7751	…	0.3768	0.6087	00807	0.4483	0.8905
S_{1992}	0.9275	0.1159	0.6493	0.1963	…	0.3623	0.8841	0.4783	0.1897	0.6405
S_{1993}	0.1594	0.6667	0.8734	0.9532	…	0.0870	0.5652	0.1304	0.2069	0.7870
S_{2000}	0.6087	0.1793	0.6840	0.7657	…	0.9130	0.6957	0.8261	0.4828	0.6317

（4）模型训练及仿真

本案例采用三层神经网络结构，BP 神经网络的超参数设置为：$n_{\text{int}}=25$，$n_{\text{hid}}=20$，$n_{\text{out}}=1$，输入层到隐藏层使用"tansig"函数，隐藏层到输出层使用的激活函数为"purelin"函数，训练函数使用"traingda"函数，设置最大的训练次数为 5000，学习率为 0.01，误差为 0.00001。PSO 算法的参数设置为：种群规模 $m=110$，粒子维度 $D=341$，最大迭代次数 $t_{\max}=100$，$\omega_0=0.9$，$\omega_1=0.4$，$c_1=c_2=1.49445$，$v_{\max}=1$，$v_{\min}=-1$。

选取表 4-10 中前 450 条数据进行训练，后 26 条数据用于测试。采用 MATLAB R2015b 分别用 BP 模型、PSO-BP 模型和 DPMPSO-BP 模型进行训练和测试，仿真拟合图如图 4-9 所示。

从图 4-9 中可以看出，点线与实心黑点线几乎达到重合，即 DPMPSO-BP 模型预测值与真实值之间的拟合度最高。模型仿真的具体数值及其精度特征如表 4-11 和表 4-12 所示。

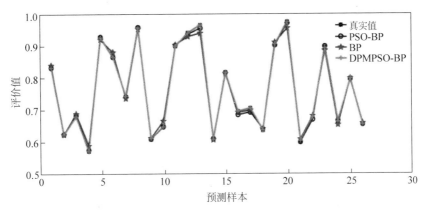

图 4-9 输出结果对比仿真图(见文后彩图)

表 4-11 真实值与预测值比较

供应商	真实值	BP 预测值	误差	PSO-BP 预测值	误差	DPMPSO-BP 预测值	误差
S_{1894}	0.8240	0.8323	0.0083	0.8247	0.0007	0.8246	0.0006
S_{1901}	0.5991	0.5995	0.0004	0.6000	0.0009	0.5993	0.0002
S_{1902}	0.6598	0.6686	0.0088	0.6625	0.0027	0.6598	0.0000
S_{1906}	0.5429	0.5614	0.0185	0.5469	0.0040	0.5441	0.0012
S_{1907}	0.9260	0.9191	0.0069	0.9237	0.0013	0.9259	0.0001
S_{1911}	0.8595	0.8761	0.0166	0.8603	0.0008	0.8600	0.0005
S_{1917}	0.7278	0.7203	0.0075	0.7268	0.0010	0.7276	0.0002
S_{1919}	0.9586	0.9509	0.0047	0.9596	0.0010	0.9582	0.0004
S_{1923}	0.5843	0.5863	0.0020	0.5840	0.0003	0.5856	0.0013
S_{1927}	0.6243	0.6434	0.0191	0.6250	0.0007	0.6251	0.0008
S_{1928}	0.8964	0.8999	0.0035	0.8985	0.0021	0.8966	0.0002
S_{1932}	0.9408	0.9289	0.0119	0.9365	0.0043	0.9401	0.0007
S_{1939}	0.9675	0.9398	0.0277	0.9562	0.0113	0.9672	0.0003
S_{1946}	0.5814	0.5810	0.0004	0.5842	0.0028	0.5822	0.0008
S_{1948}	0.8077	0.8036	0.0041	0.8065	0.0012	0.8078	0.0001
S_{1952}	0.6760	0.6728	0.0032	0.6647	0.0113	0.6765	0.0006
S_{1955}	0.6864	0.6794	0.0070	0.6731	0.0133	0.6871	0.0007
S_{1958}	0.6124	0.6166	0.0042	0.6163	0.0039	0.6132	0.0008
S_{1961}	0.9024	0.9083	0.0059	0.8991	0.0033	0.9022	0.0002
S_{1973}	0.9778	0.9559	0.0219	0.9736	0.0042	0.9768	0.0010
S_{1980}	0.5754	0.5818	0.0064	0.5726	0.0028	0.5769	0.0015
S_{1982}	0.6568	0.6602	0.0034	0.6482	0.0086	0.6574	0.0006
S_{1986}	0.8905	0.8805	0.0100	0.8943	0.0038	0.8900	0.0005
S_{1992}	0.6405	0.6302	0.0103	0.6438	0.0033	0.6413	0.0008
S_{1993}	0.7870	0.7871	0.0001	0.7841	0.0029	0.7871	0.0001
S_{2000}	0.6317	0.6358	0.0041	0.6323	0.0006	0.6425	0.0008

对于仿真精度的评定有很多种,但是至今没有一个统一的衡量标准[182]。本案例采用平均相对误差 δ、均方根误差 ζ 和决定系数 R^2 来对结果的精度进行评定,它们的计算公式分别如下:

$$\delta = \frac{1}{n}\sum_{i=1}^{n}|(\hat{y}_i - y_i)/y_i| \times 100\% \tag{4-26}$$

$$\zeta = \sqrt{\frac{\sum(\hat{y}_i - y_i)^2}{n}} \tag{4-27}$$

$$R^2 = \frac{\sum_{i=1}^{n}(\hat{y}_i - \bar{y})^2}{\sum_{i=1}^{n}(y_i - \bar{y})^2} \tag{4-28}$$

其中,$\hat{y}_i$ 表示预测值;y_i 表示期望值;n 表示样本个数;$\bar{y}$ 表示期望值的均值。

表 4-12 模型精度特征对比

模型	平均相对误差/%	均方根误差/%	决定系数
BP	1.10	1.09	0.9269
PSO-BP	0.49	0.50	0.9895
DPMPSO-BP	0.09	0.07	0.9928

4.4.3 评价结果分析与建议

1. 结果分析

由表 4-11 可得,BP 神经网络模型预测绝对误差范围在 0.0001~0.0277,PSO-BP 模型预测绝对误差范围在 0.0003~0.0133,相比于 BP 神经网络,结合了 PSO 算法的 BP 神经网络在绝对误差上有一定的提高,而 DPMPSO-BP 模型预测绝对误差范围在 0.0000~0.0015,误差范围有所缩小,但是单单从绝对误差上并不能看出模型精度。结合表 4-12 可以看出,DPMPSO-BP 模型的平均相对误差、均方根误差和决定系数都优于 BP 模型和 PSO-BP 模型。综上可得,DPMPSO-BP 模型比 BP 神经网络模型和 PSO-BP 模型具有更高的预测精度,结果更具有参考价值。

通过实验结果得到,DPMPSO-BP 模型的期望输出值与预测值之间的最大误差为 0.0015,完全满足智能制造企业供应商效率评价的需要。将训练好的模型存入知识库中,用时只需在供应商管理系统中输入将要评价供应商的各项二级指标属性值矩阵,即可得到综合评价指标数据,避免了确定指标权重的随意性和人为因素,提高了评价决策的效率。

按照综合效率评价值对供应商进行效率等级划分,假设 P 为综合效率评价值,当 $0.9 \leqslant P < 1$ 时,表示该供应商的综合效率高,是一级效率型供应商;当 $0.8 \leqslant P < 0.9$ 时,是二级效率型供应商;当 $0.7 \leqslant P < 0.8$ 时,是三级效率型供应商;当 $0.6 \leqslant P < 0.7$ 时,是四级效率型供应商;当 $0.5 \leqslant P < 0.6$ 时,供应商效率等级是五级,其综合效率低。测试的 26 家供应商中,S_{1907}、S_{1919}、S_{1932}、S_{1939}、S_{1961} 和 S_{1973} 为一级 E-ES,综合效率高。而 S_{1901}、S_{1906}、S_{1923}、S_{1980} 和 S_{1946} 为 E-AS,综合效率弱。E-AS 供给产品合格率较理想,且供货及时,但是其产品的批不良率和在线不良率都比较差、成本较高、产品价格经常会发生浮动,需要在成本和质量上进行大的整改。企业需对其提出改进意见,否则会给企业的经济效益带来直接或间接影响。若在企业限定时间内供应商未达到整改要求,企业则会根据实际需要与其停止合作并从潜在供应商中挑选优秀的供应商进行合作。E-ES 供应商提供的产品其检验合格率和供货速度都有所欠缺,但是成本和生产过程中的产品质量上都有一定的保障,尤其是在成本上,可以较大地提高企业的生产利益。

2. 模型实施建议

(1) 模型应用于供应商管理系统中

从事企业供应商管理的工作人员不能够掌握模型的相关理论知识,这对于评价结果有很大影响。后续模型在使用过程中,可以将已经训练好的供应商评价模型嵌入到企业供应商管理系统中,与相关数据接口进行同步,实时调用供应商数据,实现供应商效率评价工作的自动化和智能化。

(2) 正确使用评价模型和指标数据

在供应商效率评价过程中,首要条件就是供应商数据的真实性,因此,在使用该评价模型时,应理性判断该品类供应商是否可以使用该模型评价方法。同时,需要考虑是否可以及时有效获取指标数据,这是开展模型仿真的前提,错误的指标数据应用构建的模型是毫无意义的。

4.5　本章小结

随着智能制造企业供应链的快速发展,供应商效率评价问题逐渐受到企业管理层的高度重视,越来越多研究者开始关注供应商效率评价问题。本章在国内外学者的研究基础上,依附校企合作项目,通过企业实地考察,构建智能制造企业分类指标体系和评价指标体系,提出 DPMPSO-BP 神经网络模型,建立供应商效率评价模型,并应用到制造企业进行仿真验证。本章研究成果主要包括:

(1) 基于智能制造企业供应商分类理论,总结国内外学者关于评价指标体系的研究成果,结合供应商效率评价指标体系构建原则,建立了供应商分类指标体系和供应商评价指标体系。

（2）对比贝叶斯分类方法、支持向量机和决策树三种分类方法,将三种方法应用于供应商分类中,通过准确率对比选择贝叶斯分类方法进行供应商分类。针对效率型供应商,提出 DPMPSO-BP 神经网络算法,并构建了供应商效率评价模型。

（3）扎根国内某大型电池企业,收集供应商分类和评价基础数据,使用供应商分类模型和评价模型进行仿真,验证所提评价模型在企业供应商效率评价中的有效性,并基于评价结果为智能制造企业提出模型实施建议和供应商管理建议。

第5章

智能制造背景下基于PLS-SEM的供应商风险评价

5.1 智能制造背景下供应商风险评价指标构建

中国智能制造计划持续实施并取得显著成果,带动了智能制造供应商(intelligent manufacturing supplie,IMS)的蓬勃发展,传统的工业系统解决方案供应商正在积极向 IMS 转型,但是其供给质量和服务水平良莠不齐,未能有效解决制造企业在智能转型中的痛点问题,对智能制造业的生态发展隐含一定的风险。企业在实施智能制造新模式的过程中,通过投资智能设备、建设智能工厂、投资引进和培训人才,加快了制造商的智能化进程,制造商往往对其智能制造现有水平产生过度自信;由于智能制造供应商生产系统能力与市场需求不匹配,生产系统具有随机性,导致供应商随机产出风险增大。因此科学预测和评价 IMS 风险,帮助制造企业选择合适的 IMS 成为智能制造企业供应商选择和评价领域中一个重要研究问题。

《智能制造系统解决方案供应商规范条件》[183](下文简称《规范条件》)明确指出需加强 IMS 智能化管理,规范供应商服务流程,满足制造企业转型升级的需要。依据此规范条件,IMS 基本情况和信息系统情况可分为 6 个风险维度,主要包括供应商资质情况、供应商制度情况、供应商核心技术、供应商服务能力、供应商项目情况以及供应商信息系统解决方案情况。具体内容如下:

（1）供应商资质情况（supplier qualification，SQ）。SQ 要求供应商具有良好的资信和公众形象，合法、诚信经营，同时具备有关法律法规、国家标准或行业标准规定的安全生产条件以及建立完善的质量管理体系、环境管理体系、信息安全管理体系等且供应商需有效运行并通过第三方认证。SQ 是 IMS 的最基本的要求，有利于企业审查自身资质情况。

（2）供应商制度情况（supplier system，SS）。《规范条件》强调 IMS 应建立完善的项目文档管理制度，文档应涵盖需求文档、项目计划、设计文档、实施方案等，同时文档管理制度应具有完善的售后服务体系和严格的系统设备管理信息化制度，配备专门的维保部门和专业人员，为用户提供相应的技术咨询、技术培训和维保服务。

（3）供应商核心技术（supplier core technology，SCT）。在使用过程中，核心技术的价值得以增加，具有连续增长、报酬递增的特征。IMS 在关键技术装备、软件、智能制造成套装备、工艺和关键零部件的集成优化等方面应具有核心技术，核心技术需要智能制造系统集成技术相关的授权专利或与智能制造相关的软件著作权。

（4）供应商服务能力（supplier service capability，SSC）。《规范条件》指出 IMS 应具有专业的咨询规划团队，熟悉用户所在行业的知识、技术，具备项目咨询规划经验和个性化定制能力。专业的咨询规划团队需要对用户需求进行功能、周期和造价等确认，并进行系统集成及二次开发和实施，具备一定的平台建设能力，能根据用户需求在协同设计、大数据分析等方面提供相应服务，减少生产系统的随机性。

（5）供应商项目情况（supplier project，SP）。项目是实现企业发展战略的载体，企业的使命、企业的愿景、企业的战略目标都需要通过成功的项目来具体实现。SP 包括对接项目数量、项目投资金额、项目满意度以及项目成功率。

（6）供应商信息系统解决方案情况（supplier information system solutions，SISS）。《规范条件》指出 IMS 应具有模块化、标准化的解决方案，使得系统的解决方案具有复制推广的能力，同时根据项目特性，对智能传感与控制装备、智能工艺装备等智能制造装备等具有系统定制能力，并提供系统安全应急预案保障系统安全。

根据上述 6 个维度建立 IMS 风险评价体系，包括 6 个一级指标和 23 个二级指标，制造企业在选择 IMS 时应重点关注 23 个可观测变量的二级指标，指标体系如图 5-1 所示。

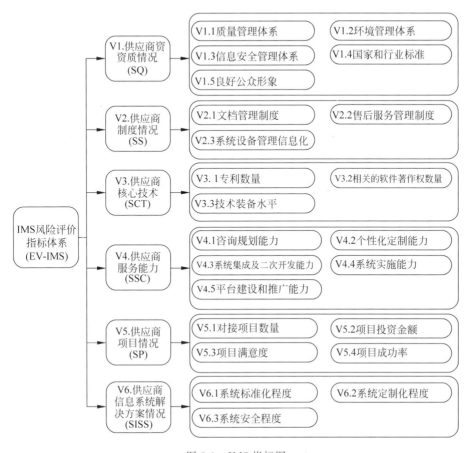

图 5-1　IMS 指标图

5.2　智能制造背景下基于 PLS-SEM 的供应商风险评价模型

与传统 SEM（structural equation modeling）只可以建构反映性结构不同，PLS-SEM 是一种可以建构兼具反映性结构和形成性结构的混合模型，适用于风险预测。本节基于 PLS-SEM 构建 IMS 风险评价模型，如图 5-2 所示，其中 A 区域两列图形为形成性结构，B 区域两列图形为反映性结构，A 区域各指标决定了 IMS 风险评价的意义，B 区域反映了 IMS 风险评价的二级指标。图中的模型是兼具两种结构的混合模型，能够较好地预测 IMS 风险评价程度。

IMS 风险评价的具体步骤如下（流程图如图 5-3 所示）：

步骤 1　通过问卷调查进行数据收集与分析；

步骤 2　在 Smart-PLS 软件中确认指标，形成 IMS 风险评价理论模型；

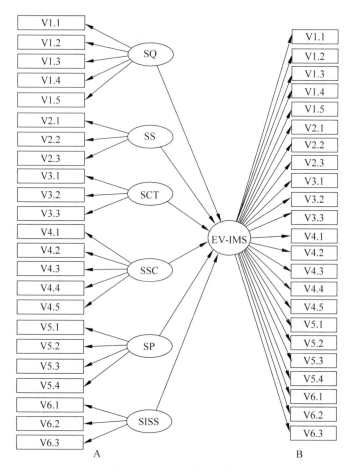

图 5-2 IMS 风险评价模型

步骤 3　创建新项目、导入数据并进行数据预处理；

步骤 4　依照理论模型导入数据，形成反映性模型和形成性模型；

步骤 5　根据计算结果进行拟合度、效度以及信度等指标检验。

在步骤 5 中指标检验环节，各流程均使用 power BI 软件制作指标检验图。首先进行因子载荷分析来验证每项指标是否支持 IMS 风险评价，然后进行各指标检验，具体包括以下 4 项：

检验 1 通过信度效度检验来验证问卷信效度；

检验 2 通过预测检验来验证各指标对 IMS 风险评价的预测性强弱；

检验 3 通过区别效度检验来验证一级指标具有不同维度的代表性；

检验 4 通过 Bootstrapping 检验一级指标对 IMS 风险评价的显著性强弱。

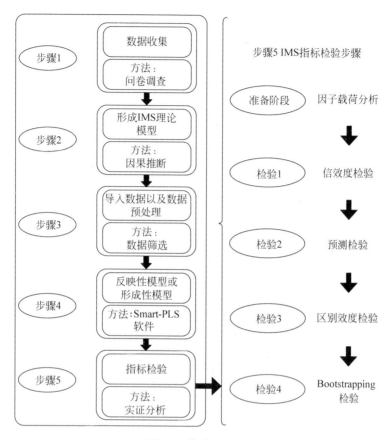

图 5-3 检验流程图

5.3 实证分析

5.3.1 数据收集与分析

此次研究通过问卷调查的方式进行数据收集,调查的对象为在 IMS 风险领域内的专家、学者、研究生和经验丰富的智能制造企业员工。接受此次问卷调查的对象大部分接受过高等教育,小部分科研工作者没有实践经验,但都在该领域有一年以上的研究经历。问卷中的问题除一般项问题外均采用李克特五级量表的形式,被调查者对每个问题项进行选择打分,"非常不重要"代表 1 分,"非常重要"代表 5 分。此次共回收问卷 98 份,有效问卷 90 份,符合统计 PLS-SEM 的小样本分析要求。

本节使用 Smart-PLS 3.0 软件构建 PLS-SEM,采用 PLS 算法进行检验,所得到的各项指标数据结果如图 5-4 所示。在该模型中,评价项 IMS 风险评价用"EV-

IMS"表示,6个一级指标用 V1～V6 表示;23个二级指标用 V1.1～V6.3 表示。在采用 PLS 算法时,Smart-PLS 软件默认将原始数据进行标准化,软件所输出的结果均为标准化结果。从图 5-4 可以看到,各一级指标的路径系数分别为 SQ(0.229)、SS(0.158)、SCT(0.165)、SSC(0.257)、SP(0.181)以及 SISS(0.145)。EV-IMS 对 6 个一级指标的多元回归方程测定系数的平方值(R^2)为 1.000,反映了 IMS 风险评价对这 6 个一级指标的概括程度相当高,也说明各一级指标对 IMS 风险评价的解释能力强,解释比例达到了 100%。运行 PLS 算法,得到各因子载荷(具体见表 5-1)。从表中可见,各项因子载荷数值均为正值且均大于 0.6,说明每项指标均支持 IMS 风险评价,且载荷系数越大,则二级指标影响程度越大。

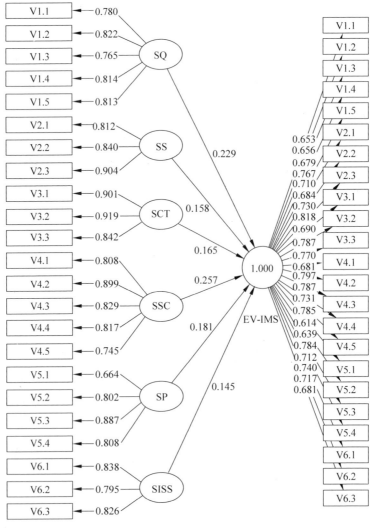

图 5-4 IMS 风险评价模型因子载荷图

表 5-1 IMS 风险评价模型因子载荷

一级指标	二级指标	因子载荷
V1 供应商资质情况(SQ)	V1.1 质量管理体系	0.780
	V1.2 环境管理体系	0.822
	V1.3 信息安全管理体系	0.765
	V1.4 国家和行业标准	0.814
	V1.5 良好公众形象	0.813
V2 供应商制度情况(SS)	V2.1 文档管理制度	0.812
	V2.2 售后服务管理制度	0.840
	V2.3 系统设备管理信息化	0.904
V3 供应商核心技术(SCT)	V3.1 专利数量	0.901
	V3.2 相关的软件著作权数量	0.919
	V3.3 技术装备水平	0.842
V4 供应商服务能力(SSC)	V4.1 咨询规划能力	0.808
	V4.2 个性化定制能力	0.899
	V4.3 系统集成及二次开发能力	0.829
	V4.4 系统实施能力	0.817
	V4.5 平台建设和推广能力	0.745
V5 供应商项目情况(SP)	V5.1 对接项目数量	0.664
	V5.2 项目投资金额	0.802
	V5.3 项目满意度	0.887
	V5.4 项目成功率	0.808
V6 供应商信息系统解决方案情况(SISS)	V6.1 系统标准化程度	0.838
	V6.2 系统定制化程度	0.795
	V6.3 系统安全程度	0.826

5.3.2 模型效果检验

1) 问卷信效度检验

借助 Smart-PLS 软件算法拟合指标并检验问卷信效度,具体拟合数据如表 5-2 所示。其中,Cronbach's Alpha 系数数值代表内在一致性的强弱,由表 5-2 可知,本模型各级指标的 Cronbach's Alpha 系数均满足大于 0.7 的要求,表明问卷的效度较高;CR 代表各级指标的组合信度,由表 5-2 可知,其均满足建议的高于临界值 0.7 的要求,证明问卷的信度较高;AVE 代表各级指标的平均抽取变异量,rho_A 是 PLS 提出的新的、一致的信度系数,由表 5-2 可知,二者均高于临界值 0.5,表明该问卷达到了相关统计标准,具有较高的内敛效度。

表 5-2　信效度检验

指标	Cronbach'sAlpha	rho_A	组合信度 CR	平均抽取变异量（AVE）
SS	0.812	0.822	0.889	0.728
SSC	0.878	0.880	0.912	0.674
SCT	0.865	0.868	0.918	0.789
SISS	0.756	0.757	0.860	0.672
SQ	0.858	0.860	0.898	0.638
SP	0.801	0.814	0.871	0.631
EV-IMS	0.958	0.960	0.962	0.525

2）Blindfolding 预测能力检验

通过 Smart-PLS 软件进行 Blindfolding 预测能力检验，得到模型的 Q^2 值（具体数据见表 5-3）。Q^2 是评估外生变量对内生变量影响力的统计量，Q^2 值处于 0～0.25、0.25～0.50 和大于 0.50 区间分别代表 PLS 路径模型的预测相关性小、中、大。由表 5-3 可知，Q^2 数值均大于 0.25，说明各一级指标对 IMS 风险评价的影响力较好，即模型的预测相关性处于中上水平。

表 5-3　IMS 风险评价模型 Q^2 值

指标	SSO	残差平方和（SSE）	$Q^2(=1-SSE/SSO)$
SS	270.000	148.920	0.448
SSC	450.000	223.257	0.504
SCT	270.000	120.597	0.553
SISS	270.000	178.688	0.338
SQ	450.000	247.556	0.450
SP	360.000	218.099	0.394
EV-IMS	2070.000	1081.165	0.478

3）相关系数检验

通过 Smart-PLS 软件相关系数检验可得如表 5-4 所示的指标数值。其中，对角线为平方根，其表达式为

$$AVE = \frac{\sum \lambda^2}{n}$$

式中，λ 为因子载荷系数，n 为指标数。由表 5-4 可知，所有的相关系数均小于平方根 AVE，表明各级指标之间具有良好的区分效度。

表 5-4　IMS 风险评价模型指标区别效度

指标	SS	SSC	SCT	SISS	SQ	SP
SS	0.853					
SSC	0.794	0.821				

续表

指标	SS	SSC	SCT	SISS	SQ	SP
SCT	0.678	0.737	0.888			
SISS	0.676	0.785	0.662	0.820		
SQ	0.793	0.726	0.719	0.664	0.799	
SP	0.679	0.781	0.684	0.753	0.627	0.794

4) Bootstrapping 检验

通过 Smart-PLS 软件 Bootstrapping 方法计算各级指标路径系数的 T 统计量可得如表 5-5 所示的数据。T 检验路径系数代表估计的各级指标显著性水平,当 $T>1.96$ 时,路径系数估计在 0.05 水平上显著;当 $T>2.58$ 时,路径系数估计在 0.01 水平上显著;当 $T>3.29$ 时,路径系数在 0.001 水平上显著。由表 5-5 可知,所有的 T 均大于 3.29,因此路径系数在 0.001 水平上显著,也说明各级指标对 IMS 风险评价模型显著性较强。

表 5-5 IMS 风险评价模型 Bootstrapping 检验

指　　标	路径系数	2.5%	97.5%	T 统计量	P 值
SS→EV-IMS	0.158	0.142	0.176	17.528	0.000
SSC→EV-IMS	0.258	0.224	0.289	14.546	0.000
SCT→EV-IMS	0.164	0.145	0.187	15.664	0.000
SISS→EV-IMS	0.145	0.131	0.160	18.061	0.000
SQ→EV-IMS	0.230	0.200	0.257	15.718	0.000
SP→EV-IMS	0.181	0.164	0.202	18.862	0.000

5) 检验结果可视化

运用 Power BI 软件可视化指标检验得到的结果如图 5-5 所示,具体说明如下:

检验 1:图中的两条虚线,分别代表数值 0.5 和 0.7。由图 5-5 可知,模型 CR 与 AVE 指标处于数值为 0.5 的虚线之上,Cronbach's Alpha 与 rho_A 指标处于数值为 0.7 的虚线之上,这说明拟合效果好,内部关系的解释功效较强,估计效果可以接受,问卷信度佳。

检验 2:浅蓝色区域表示预测能力值大于 0.25,深蓝色区域表示预测能力值大于 0.5,灰色横线代表 Q^2 值大小。Q^2 子弹图处于蓝颜色区域表明该模型的整体预测能力属于中上水平。

检验 3:由热力图可知,对角线的颜色均比相关系数色块的颜色深(数值均大于所有的相关系数数值),这说明各级指标在理论上具有不同的内涵,它们之间具有较好的区别效度。

检验 4:Bootstrapping 检验中的黄色区域为 $T>1.96$ 区域,灰绿色区域为 $T>2.58$ 区域,蓝色区域为 $T>3.29$ 区域,灰色横线代表 T 值大小,均处于蓝色区

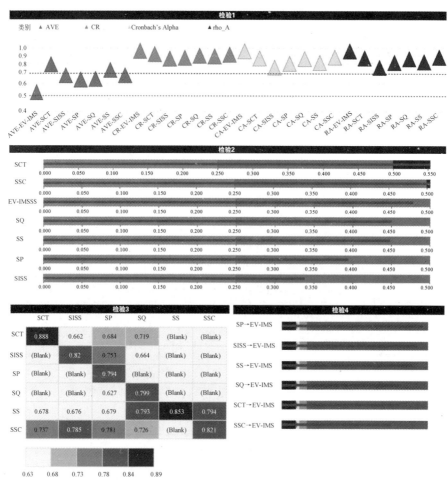

图 5-5　指标检验结果的可视化（见文后彩图）

域，且 P 值为 0.001 水平上，这说明指标显著性强，表明模型结构的稳定性非常好。

运用 Power BI 软件可视化的检验结果可以更加直观地展示数据、数据间相关性和趋势，从而帮助企业决策者快速了解信息，掌握 IMS 动态风险，为制造企业选择优质 IMS 提供决策参考。

5.4　评价结果及建议

利用 Power BI 软件绘制指标路径系数树状图，如图 5-6 所示，图中不同颜色块的大小分别代表一级指标路径系数数值，同一颜色块内部不同方格块的大小代表二级指标载核因子数值，由此可得 5.4.1 节和 5.4.2 节的结论和管理建议。

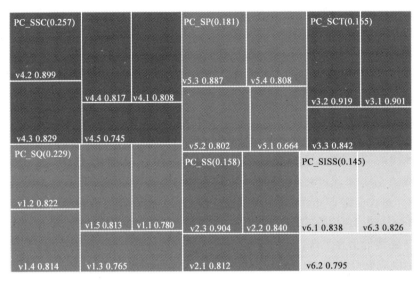

图 5-6 指标路径系数树状图（见文后彩图）

5.4.1 一级指标视角结果分析及建议

由图 5-4 与图 5-6 可知，各级指标的路径系数（path cofficient，PC）分别为 PC_SQ（0.229）、PC_SS（0.158）、PC_SCT（0.165）、PC_SSC（0.257）、PC_SP（0.181）和 PC_SISS（0.145）。一级指标对 IMS 风险影响程度依次是服务能力、供应商资质情况、项目情况、核心技术、制度情况以及信息系统解决方案情况。取值均为正值，说明 IMS 风险评价不同指标之间相互关联，且均与 IMS 风险评价呈正相关关系。其中，当供应商服务能力不足时，很容易导致供应商系统不健全，产生随机性，供应商随机产出风险增大；当供应商资质情况不健全时，导致 IMS 对自身智能制造情况认识不清，产生过度自信等隐含的风险。因此制造企业应注重 IMS 综合发展能力，关注 IMS 选择过程中存在的资质不足、制度不全、核心技术"卡脖子"、服务能力低、项目经验不足以及信息系统解决方案不完善等风险问题。

5.4.2 二级指标视角结果分析及建议

（1）供应商资质情况（SQ）。SQ 包括质量管理体系、环境管理体系、信息安全管理体系、国家和行业标准、良好公众形象等二级指标，其标准因子载荷分别为 0.780、0.822、0.765、0.814、0.813，所有载荷均高于临界值 0.6，由此可见，SQ 所涉及的五个二级指标对其一级指标影响程度较大，各指标达成度越高，IMS 隐含的风险越低。通过各个标准体系，有利于 IMS 识别自身情况，减轻过度自信等隐含的风险。另外考虑到 SQ 路径系数数值在所有一级指标中排序第二（0.229），建议制造企业应该优先选择环境管理体系、国家和行业标准以及良好公众形象等方面表现良好的 IMS，避免与资质不足的 IMS 合作。

(2) 供应商制度情况(SS)。SS 包括文档管理制度、售后服务管理制度以及系统设备管理信息化等二级指标,其标准因子载荷为 0.812、0.904、0.840,所有载荷均高于临界值 0.6,由此可见,SS 所涉及的三个二级指标对其一级指标影响程度较大,各指标达成度越高,IMS 隐含的风险越低。SS 作为行为规范的模式,在 IMS 选择过程中,应被纳入制造企业的考虑范围,避免选择制度不健全的 IMS 以降低合作风险。

(3) 供应商核心技术(SCT)。SCT 包括专利数量、相关的软件著作权数量、技术装备水平等二级指标,其标准因子载荷分别为 0.901、0.919、0.842,所有载荷均高于临界值 0.6,由此可见,SCT 所涉及的三个二级指标对其一级指标影响程度较大,各指标达成度越高,IMS 隐含的风险越低。针对信息系统在智能制造企业应用部门不同的情况,建议在 IMS 选择过程中应采用不同的态度,对于影响企业核心生产环节的智能信息系统,应重点考虑相关供应商的核心技术能力。

(4) 供应商服务能力(SSC)。SSC 包括咨询规划能力、个性化定制能力、系统集成及二次开发能力、系统实施能力、平台建设和推广能力等二级指标,其标准因子载荷分别为 0.808、0.899、0.829、0.817、0.745,所有载荷均高于临界值 0.6,由此可见,SSC 所涉及的五个二级指标对其一级指标影响程度较大,各指标达成度越高,IMS 隐含的风险越低。当二级指标达成度越高,IMS 服务能力越高,生产系统更加健全,不易产生随机产出风险。结合 SSC 一级指标路径系数数值,在 IMS 选择过程中,建议智能制造企业重点考虑 SSC 的五个二级指标,避免选择服务能力低的 IMS。

(5) 供应商项目情况(SP)。SP 包括对接项目数量、项目投资金额、项目满意度、项目成功率等二级指标,其标准因子载荷分别为 0.664、0.802、0.887、0.808,所有载荷均高于临界值 0.6,由此可见,SP 所涉及的四个二级指标对其一级指标影响程度较大,各指标达成度越高,IMS 隐含的风险越低。考虑到 SP 在 6 个一级指标中路径系数数值排名第三(0.181),建议智能制造企业综合考虑 IMS 项目数量、项目投资金额、项目满意度、项目成功率等情况,以提高智能制造企业的项目成功率。

(6) 供应商信息系统解决方案情况(SISS)。SISS 包括系统标准化程度、系统定制化程度、系统安全程度等二级指标,其标准因子载荷分别为 0.838、0.795、0.826,所有载荷均高于临界值 0.6,由此可见,SISS 所涉及的 3 个二级指标对其一级指标影响程度较大,各指标达成度越高,IMS 隐含的风险越低。因此,制造企业选择 IMS 时应考虑 SISS 三个二级指标,避免存在信息系统解决方案不完善的风险。

5.5　本章小结

随着全球智能制造的不断发展,IMS 成为推动智能制造发展的关键力量,智能制造企业在众多 IMS 选择过程中存在隐含的风险,因此,开展 IMS 风险评价研究具有重要意义。

本章基于中国智能制造发展现状提炼可观测的风险影响因素构建 IMS 评价指标体系，使用 PLS-SEM 方法构建 IMS 风险评价模型，采用 PLS 算法拟合指标并进行模型检验，并应用 Power BI 软件可视化风险影响度，通过问卷调查开展 IMS 风险评价实证，从而得出以下结论：①6 个一级指标对 IMS 均存在隐含的风险，影响程度依次是供应商服务能力、供应商资质情况、供应商项目情况、供应商核心技术、供应商制度情况以及供应商信息系统解决方案情况；②23 个二级指标的达成度对 IMS 也存在隐含的风险，达成度越高，隐含的风险越低，越利于制造企业的智能化升级；③23 个二级指标作为可观测的变量，制造企业在选择 IMS 时应根据实际应用部门重点关注。上述结论为制造企业选择优质 IMS 提供决策参考。

此外，IMS 风险评价不同指标相互关联，一级指标和二级指标达成情况越不好，就越容易产生供应商随机产出风险和过度自信风险。本书第 6 章和第 7 章将分别针对随机产出风险和过度自信风险开展 IMS 激励研究。

第6章

智能制造背景下考虑随机产出风险的供应商激励

6.1 随机产出风险分析

供应商风险是指因供货不确定引起下游企业无法正常运作或日常运作受到影响从而使整个供应链有受损的可能性[184-186]。随着大数据和物联网等信息技术在制造业的广泛应用,智能制造成为企业发展的主攻方向,但是智能制造企业所属地区和行业的差异、供应商的服务能力以及生产系统能力直接影响其智能化进程,造成供应链上下游企业的产能发展不平衡,加剧供应商随机产出风险。为降低随机产出风险带来的利润损失,有必要对具有随机产出风险的供应商开展激励研究。

面对智能制造的转型需求,柔性生产具有适应快和灵活性强的特点,有助于智能主制造商快速应对和适应市场需求,实现生产中的成本控制、质量保证、按时交货等目标,降低随机产出风险,因而成为企业所采取的主要生产方式。基于此,本章针对随机产出风险 IMS 激励问题,从 Stackelberg 博弈视角进行假设和建模,模型中引入随机产出因子,判断在无激励(no incentive,NI)、收入共享(revenue sharing,RS)契约激励、成本共担(cost sharing,CS)契约激励以及成本共担和收入共享(cost sharing and revenue sharing)双重契约激励同时进行下 IMS 的柔性生产量和利润的变化,分析对 IMS 随机产出风险产生的影响。

6.2 基于成本共担和收入共享的 Stackelberg 激励模型构建

6.2.1 假设条件与模型构建

假设 IMS 与主制造商长期合作,根据文献[187],主制造商的产品需求量为 Q,其表达式为

$$Q = \varepsilon G - ap + f$$

式中,a 为价格敏感系数;p 为产品价格;f 为 IMS 柔性生产量,G 为 IMS 产量,ε 表示随机性,$E(T)=\varepsilon$,T 为随机产出因子,则 IMS 的随机生产量为 εG。从产品需求量的表达式可见,给定价格下的实际需求在 Q 附近随机波动。如同文献[188]中描述的一样,可以假设 ε 在一定范围内波动并用均匀分布来描述,假设 ε 在区间[0,1]均匀分布。

本章考虑具有一级主制造商和二级 IMS 两层供应链的结构,IMS 以批发价格 w 将产品出售给主制造商,主制造商再以价格 p 将产品销售给客户。在构建模型之前,先给出如下的假设条件。

假设 6.1 主制造商对于 IMS 进行激励等内生行为,记内生因子激励系数为 i。

假设 6.2 IMS 的柔性成本函数具有边际成本递增的特征,IMS 履行柔性的成本函数可表示为 $F=\frac{1}{2}kf^2$。其中,$k>0$ 为 IMS 柔性成本系数,k 越大,柔性支出的成本越多。

假设 6.3 主制造商对于 IMS 供应商进行 RS 契约激励时,主制造商实现收益后留下比例 $t(0 \leqslant t \leqslant 1)$ 的收益,比例为 $1-t$ 的收益与 IMS 分享。引入内生激励因子 i,则 t 与内生激励因子 i 存在关系 $t=e^{-i\delta_1}(0 \leqslant \delta_1 \leqslant 1, 0 \leqslant i \leqslant 1)$。

假设 6.4 主制造商对于 IMS 进行 CS 契约激励时,主制造商分担比例 $(1-u)$ 的成本,IMS 承担比例 $u(0 \leqslant u \leqslant 1)$ 的成本。根据 CS 契约比例 u 进行内生激励,引入内生激励因子 i,则 u 与内生激励因子存在关系 $u=e^{-i\delta_2}(0 \leqslant \delta_2 \leqslant 1, 0 \leqslant i \leqslant 1)$,$\delta_1,\delta_2$ 根据 i 的变化而变化。

根据假设 6.1~假设 6.4 可得,考虑随机产出风险的模型可构建为

① IMS 利润为

$$\Pi_s = (w-c)(\varepsilon G - ap + f) - \frac{1}{2}kf^2 \tag{6-1}$$

② 主制造商利润为

$$\Pi_r = (p-w)(\varepsilon G - ap + f) \tag{6-2}$$

下面针对主制造商与 IMS 交易行为,考虑无激励(NI),成本共担(CS)契约激励和收入共享(RS)契约激励以及成本共担和收入共享(CS&RS)双重契约激励四种情况,计算不同情况下 IMS 柔性生产量和供应商利润,分析四种契约的激励效果。

6.2.2 模型求解

主制造商对 IMS 进行激励下,IMS 先由其自身的柔性决定生产能力和产品的批发价格 w,然后主制造商会根据 IMS 的决策来决定产品的销售价格 p。

无激励(NI)时根据逆向归纳法求解主制造商的最大利润,对式(6-2)的 p 求一阶偏导,并令一阶偏导为零可得

$$p = \frac{\varepsilon G + f + aw}{2a} \tag{6-3}$$

对 p 求二阶偏导得到 $-2a < 0$,此点可以取到最大值。把式(6-3)中的 p 代入式(6-1)中,并对 w 和 f 分别求偏导,此时可以得产品的最优批发价格和柔性生产能力分别为

$$w_1 = \frac{2\varepsilon Gk - c + 2ack}{4ak - 1}, \quad f_1 = \frac{\varepsilon G - ac}{4ak - 1} \tag{6-4}$$

由海塞矩阵可得 $\begin{bmatrix} -a & \dfrac{1}{2} \\ \dfrac{1}{2} & -k \end{bmatrix}$,因此可得 $-a < 0, ak - \dfrac{1}{4} > 0$。此点可取得极大值,故求解出主制造商最优价格和需求量分别为

$$p_1 = \frac{3\varepsilon Gk - c + ack}{4ak - 1}, \quad Q_1 = \frac{ak(\varepsilon G - ac)}{4ak - 1} \tag{6-5}$$

将式(6-4)和式(6-5)代入式(6-1)和式(6-2)可得 IMS 与主制造商的利润分别为

$$\Pi_{s_1} = \frac{(\varepsilon G - ac)^2 k}{2(4ak - 1)}, \quad \Pi_{r_1} = \frac{ak^2(\varepsilon G - ac)^2}{(4ak - 1)^2} \tag{6-6}$$

引理 6.1 引入 RS 契约激励时,IMS 的柔性生产量和利润分别为

$$f_2 = \frac{\varepsilon G - ac}{2ak(1 + e^{-i\delta_1}) - 1}, \quad \Pi_{s_2} = \frac{k(\varepsilon G - ac)^2}{2[2ak(1 + e^{-i\delta_1}) - 1]}$$

证明 在 RS 契约激励中,主制造商实现收益后留下比例 $t(0 \leqslant t \leqslant 1)$ 的收益,比例 $(1-t)$ 的收益与 IMS 分享,主制造商对 IMS 进行激励,增大 IMS 的柔性生产量和利润。博弈过程如下:主制造商对 IMS 进行 RS 激励,IMS 通过激励后先决定其柔性生产能力和产品批发价格,然后主制造商进一步决定自身的产品价格。

根据上述假设可得 IMS 和制造商的利润公式分别为

$$\Pi_s = [(1-t)p + w - c](\varepsilon G + f - ap) - \frac{1}{2}kf^2$$

$$\Pi_r = (tp - w)(\varepsilon G + f - ap) \tag{6-7}$$

按照无激励(NI)时的逆向归纳法求导方法可求得此时的 p 为

$$p = \frac{t(\varepsilon G + f) + aw}{2at} \tag{6-8}$$

进而根据无激励(NI)时的求解方法可得产品的最优批发价格和柔性生产能力分别为

$$w_2 = \frac{2\varepsilon G k e^{-2i\delta_1} + 2ack e^{-i\delta_1} - c e^{-i\delta_1}}{2ak(1 + e^{-i\delta_1}) - 1}, \quad f_2 = \frac{\varepsilon G - ac}{2ak(1 + e^{-i\delta_1}) - 1} \tag{6-9}$$

再对 Π_s 求二阶偏导,并分别对 w 和 f 求偏导,可求出此时的最优销售价格 p_2 和订货量 Q_2 分别为

$$p_2 = \frac{\varepsilon G k + 2\varepsilon G k e^{-i\delta_1} - ack - k}{2ak(1 + e^{-i\delta_1}) - 1}, \quad Q_2 = \frac{ak(\varepsilon G - ac)}{2ak(1 + e^{-i\delta_1}) - 1} \tag{6-10}$$

将式(6-9)和式(6-10)分别代入 IMS 和主制造商的利润函数表达式(式(6-7)和式(6-8)),得到 IMS 和主制造商的利润函数分别为

$$\Pi_{s_2} = \frac{k(\varepsilon G - ac)^2}{2[2ak(1 + e^{-i\delta_1}) - 1]}, \quad \Pi_{r_2} = \frac{k^2 a e^{-i\delta_1}(\varepsilon G - ac)^2}{[2ak(1 + e^{-i\delta_1}) - 1]^2} \tag{6-11}$$

引理 6.2 引入 CS 契约激励时,IMS 柔性生产量和利润分别为

$$f_3 = \frac{\varepsilon G - ac}{4ak e^{-i\delta_2} - 1}, \quad \Pi_{s_3} = \frac{(\varepsilon G - ac)^2 k e^{-i\delta_2}}{(4ak e^{-i\delta_2} - 1)}$$

证明 为激励 IMS 努力合作,追求整体的利益最大化,主制造商分担 IMS 的部分成本激励,其中主制造商分担比例 $1-u$ 的成本,IMS 承担比例 u 的成本。在保障 IMS 利益不受损的情况下实现利益最大化,激励 IMS 与主制造商长期合作、降低风险。博弈过程如下:主制造商对 IMS 进行 CS 激励,IMS 通过激励后先决定其柔性生产能力和产品批发价格,然后主制造商进一步决定自身的产品价格。

根据上述假设可得 IMS 和主制造商的利润公式分别为

$$\Pi_s = (w - c)(\varepsilon G + f - ap) - \frac{1}{2}ukf^2$$

$$\Pi_r = (p - w)(\varepsilon G + f - ap) - \frac{1}{2}(1 - u)kf^2 \tag{6-12}$$

按照无激励(NI)时的逆向归纳法求导方法可求得此时的 p 为

$$p = \frac{\varepsilon G + f + aw}{2a} \tag{6-13}$$

进而根据无激励(NI)时的求解方法可得

$$w_3 = \frac{2k e^{-i\delta_2}(\varepsilon G - ac)}{4a e^{-i\delta_2} k - 1} + c, \quad f_3 = \frac{\varepsilon G - ac}{4ak e^{-i\delta_2} - 1} \tag{6-14}$$

再对 Π_s 求二阶偏导,并分别对 w 和 f 求偏导,可求出此时的最优销售价格 p_3 和订货量 Q_3 分别为

$$p_3 = \frac{3k\mathrm{e}^{-i\delta_2}(\varepsilon G - ac)}{4a\mathrm{e}^{-i\delta_2}k - 1}, \quad Q_3 = \frac{ak\mathrm{e}^{-i\delta_2}(\varepsilon G - ac)}{4ak\mathrm{e}^{-i\delta_2} - 1} \tag{6-15}$$

将式(6-14)和式(6-15)分别代入 IMS 和主制造商的利润函数表达式(式(6-11)和式(6-12)),得到 IMS 和主制造商的利润函数分别为

$$\Pi_{s_3} = \frac{(\varepsilon G - ac)^2 k\mathrm{e}^{-i\delta_2}}{(4ak\mathrm{e}^{-i\delta_2} - 1)}, \quad \Pi_{r_3} = \frac{(\varepsilon G - ac)^2[2a(\mathrm{e}^{-i\delta_2}k)^2 - (1 - \mathrm{e}^{-i\delta_2})k]}{2[4a\mathrm{e}^{-i\delta_2}k - 1]^2}$$

(6-16)

引理 6.3 在 RS&CS 双重契约激励下,IMS 和主制造商的利润分别为

$$f_4 = \frac{G - ac}{2a\mathrm{e}^{-i\delta_2}k(1 + \mathrm{e}^{-i\delta_1}) - 1}, \quad \Pi_{s_4} = \frac{k\mathrm{e}^{-i\delta_2}(G - ac)^2}{2[2ak\mathrm{e}^{-i\delta_2}(1 + \mathrm{e}^{-i\delta_1}) - 1]}$$

证明 采取 CS&RS 双重契约激励促进主制造商与 IMS 长期合作、降低风险。博弈过程如下:主制造商对 IMS 进行 CS&RS 双重契约激励,IMS 通过激励后先决定其柔性生产能力和产品批发价格,然后主制造商进一步决定自身的产品价格。

根据上述假设,可得 IMS 和主制造商的利润公式分别为

$$\Pi_s = [(1-t)p + w + c](\varepsilon G + f - ap) - \frac{1}{2}ukf^2$$

$$\Pi_r = (tp - w)(\varepsilon G + f - ap) - \frac{1}{2}(1-u)kf^2 \tag{6-17}$$

根据无激励(NI)时的逆向归纳法求出此时的 p 为

$$p = \frac{\mathrm{e}^{-i\delta_1}(\varepsilon G + f) + wa}{2\mathrm{e}^{-i\delta_1}a} \tag{6-18}$$

将式(6-18)对 p 求二阶偏导,并根据无激励(NI)时的求解方法可得

$$w_4 = \frac{2\varepsilon G\mathrm{e}^{-i\delta_2}k\mathrm{e}^{-2i\delta_1} + 2ac + \mathrm{e}^{-i\delta_2}k\mathrm{e}^{-i\delta_1} - c\mathrm{e}^{-i\delta_1}}{2a\mathrm{e}^{-i\delta_2}k(1 + \mathrm{e}^{-i\delta_1}) - 1}, \quad f_4 = \frac{\varepsilon G - ac}{2a\mathrm{e}^{-i\delta_2}k(1 + \mathrm{e}^{-i\delta_1}) - 1}$$

(6-19)

再对 Π_s 求二阶偏导,并分别对 w 和 f 求偏导,可进一步求出此时的最优销售价格 p_4 和订货量 Q_4 分别为

$$p_4 = \frac{\varepsilon G\mathrm{e}^{-i\delta_2}k + 2Gk\mathrm{e}^{-i\delta_2}\mathrm{e}^{-i\delta_1} + ack\mathrm{e}^{-i\delta_2} - c}{2ak\mathrm{e}^{-i\delta_2}(1 + \mathrm{e}^{-i\delta_1}) - 1}, \quad Q_4 = \frac{ak\mathrm{e}^{-i\delta_2}(\varepsilon G - ac)}{2ak\mathrm{e}^{-i\delta_2}(1 + \mathrm{e}^{-i\delta_1}) - 1}$$

(6-20)

将式(6-19)和式(6-20)分别代入 IMS 和主制造商的利润函数表达式(式(6-17)),得到 IMS 和主制造商的利润函数分别为

第6章 智能制造背景下考虑随机产出风险的供应商激励

$$\Pi_{s_4} = \frac{k e^{-i\delta_2}(\varepsilon G - ac)^2}{2[2ak e^{-i\delta_2}(1 + e^{-i\delta_1}) - 1]}$$

$$\Pi_{r_4} = \frac{(\varepsilon G - ac)^2 [2e^{-2i\delta_2} k^2 a e^{-i\delta_1} - (1 - e^{-i\delta_2})k]}{2[2a e^{-i\delta_2} k(1 + e^{-i\delta_1}) - 1]^2} \qquad (6\text{-}21)$$

为了说明 IMS 分别进行 NI、RS 契约激励、CS 契约激励以及 CS&RS 双重契约激励时所产生不同的激励效果，通过对比 IMS 的利润和柔性生产量可以得出四种不同激励下降低 IMS 随机产出风险的程度。

结论 6.1 对比 NI 和 RS 契约激励两种情况，NI 下的 IMS 柔性生产量小于 RS 契约激励下的 IMS 柔性生产量，同时 NI 下的 IMS 利润小于 RS 契约激励下的 IMS 利润。

在 NI 和 RS 契约激励两种情况下，IMS 的柔性生产量分别为

$$f_1 = \frac{\varepsilon G - ac}{4ak - 1}, \quad f_2 = \frac{\varepsilon G - ac}{2ak(1 + e^{-i\delta_1}) - 1}$$

当 $e^{-i\delta_1} > 1$ 时，$f_1 > f_2$，然而当 $0 \leqslant e^{-i\delta_1} \leqslant 1$ 时，$f_1 < f_2$。由于 $e^{-i\delta_1}$ 在 0~1 内取值，则 $f_1 < f_2$，因此在 RS 契约激励下，IMS 的柔性生产量更大，柔性能力更强。当柔性能力变大时，面对随机产出风险的生产量能够适应市场需求，IMS 随机产出风险变小。

在 NI 和 RS 契约激励两种情况下，IMS 的利润分别为

$$\Pi_{s_1} = \frac{(\varepsilon G - ac)^2 k}{2(4ak - 1)}, \quad \Pi_{s_2} = \frac{k(\varepsilon G - ac)^2}{2[2ak(1 + e^{-i\delta_1}) - 1]}$$

由于 $e^{-i\delta_1}$ 在 0~1 内取值，因此可得 Π_{s_1} 小于 Π_{s_2}。在引入 RS 激励时，i 增大，IMS 的利润增加，随机产出风险减小。

结论 6.2 对比 NI 与 CS 契约激励两种情况，CS 契约激励下的 IMS 柔性生产量更大，且利润更大。

在 NI 和 CS 契约激励两种情况下，IMS 的柔性生产量分别为

$$f_1 = \frac{\varepsilon G - ac}{4ak - 1}, \quad f_3 = \frac{\varepsilon G - ac}{4ak e^{-i\delta_2} - 1}$$

由于 $e^{-i\delta}$ 在 0~1 内取值，所以 $f_1 < f_3$。在 CS 契约激励下，IMS 的柔性生产量更大，柔性能力更强。当柔性能力变大时，CS 契约激励措施下面对随机产出风险的生产量能够适应市场需求，IMS 随机产出风险变小，表明 CS 契约具有更好的激励效果。

在 NI 和 CS 契约激励两种情况下，IMS 的利润分别为

$$\Pi_{s_1} = \frac{(\varepsilon G - ac)^2 k}{2(4ak - 1)}, \quad \Pi_{s_3} = \frac{(\varepsilon G - ac)^2 k e^{-i\delta_2}}{(4ak e^{-i\delta_2} - 1)}$$

随着 i 的增大，IMS 本身分担成本更小，柔性越大。由于 $e^{-i\delta_2} \leqslant 1$，因此 Π_{s_1} 小

于 Π_{s_3},这表明引入 CS 契约激励时,柔性增大,随机产出风险减小,IMS 利润增加。

结论 6.3 对比 CS 契约激励与 RS 契约激励两种情况,当 $1+e^{-i\delta_1}>2e^{-i\delta_2}$ 时 CS 契约激励下的 IMS 柔性生产量更大,且利润更大。

在 RS 契约激励和 CS 契约激励两种情况下,IMS 的柔性生产量分别为

$$f_2=\frac{\varepsilon G-ac}{2ak(1+e^{-i\delta_1})-1}, \quad f_3=\frac{\varepsilon G-ac}{4ake^{-i\delta_2}-1}$$

将 f_2 与 f_3 对比可得,若 $1+e^{-i\delta_1}>2e^{-i\delta_2}$,$f_2<f_3$,则 CS 契约的激励效果更好,IMS 柔性生产量明显增大,CS 契约激励措施下面对随机产出风险的生产量能够适应市场需求,随机产出风险减小;否则,RS 契约激励效果更好。

在 RS 契约激励和 CS 契约激励两种情况下,IMS 的利润分别为

$$\Pi_{s_2}=\frac{k(\varepsilon G-ac)^2}{2[2ak(1+e^{-i\delta_1})-1]}, \quad \Pi_{s_3}=\frac{(\varepsilon G-ac)^2ke^{-i\delta_2}}{(4ake^{-i\delta_2}-1)}$$

将 Π_{s_2} 与 Π_{s_3} 对比可得,当 $e^{-i\delta_2}\leqslant 1$ 且 $1+e^{-i\delta_1}>2e^{-i\delta_2}$ 时 RS 契约激励下的 IMS 利润更小。由于 $e^{-i\delta_2}\leqslant 1$,因此当 $1+e^{-i\delta_1}>2e^{-i\delta_2}$ 时,CS 契约激励下的 IMS 利润更大,且柔性生产量明显增大,随机产出风险减小;反之 RS 契约激励效果更好。

结论 6.4 对比 NI、CS 契约激励、RS 契约激励和 CS&RS 双重契约激励四种情况,CS&RS 双重契约激励下柔性生产量和 IMS 利润更大。

NI 与三种激励情况下的柔性生产量分别为:

$$f_1=\frac{\varepsilon G-ac}{4ak-1}, \quad f_2=\frac{\varepsilon G-ac}{2ak(1+e^{-i\delta_1})-1}$$

$$f_3=\frac{\varepsilon G-ac}{4ake^{-i\delta_2}-1}, \quad f_4=\frac{\varepsilon G-ac}{2ae^{-i\delta_2}k(1+e^{-i\delta_1})-1}$$

当 $4ak-1>2ak(1+e^{-i\delta_1})-1$ 时,由于 $e^{-i\delta_1}<1$,因此 $f_1<f_4$,NI 下柔性生产量小于 CS&RS 双重契约激励下的柔性生产量,CS&RS 双重契约激励下的柔性能力更强,更能够降低 IMS 随机产出风险。将 f_2 与 f_4 比较可得,当 $e^{-i\delta_2}<1$ 时,$f_2<f_4$。由于 $0<e^{-i\delta_2}<1$,所以 $f_2<f_4$,这表明 RS 契约激励下柔性生产量小于 CS&RS 双重契约激励下的柔性生产量,CS&RS 双重契约激励下的柔性能力更强,CS&RS 双重契约激励措施下面对随机产出风险的生产量能够适应市场需求,更能够降低 IMS 随机产出风险。将 f_3 与 f_4 比较可得,当 $1+e^{-i\delta_1}<2$ 时,$f_3<f_4$。由于 $0<e^{-i\delta_1}<1$,所以 $f_3<f_4$,这表示 CS 契约激励下柔性生产量小于 CS&RS 双重契约激励下的柔性生产量,CS&RS 双重契约激励下的柔性能力更强,CS&RS 双重契约激励措施下面对随机产出风险的生产量能够适应市场需求,更能够降低 IMS 随机产出风险。

NI 与三种激励情况下的 IMS 利润分别为:

$$\varPi_{s_1} = \frac{(\varepsilon G - ac)^2 k}{2(4ak-1)}, \quad \varPi_{s_2} = \frac{k(\varepsilon G - ac)^2}{2[2ak(1+\mathrm{e}^{-i\delta_1})-1]},$$

$$\varPi_{s_3} = \frac{(\varepsilon G - ac)^2 k \mathrm{e}^{-i\delta_2}}{(4ak\mathrm{e}^{-i\delta_2}-1)}, \quad \varPi_{s_4} = \frac{k\mathrm{e}^{-i\delta_2}(\varepsilon G - ac)^2}{2[2ak\mathrm{e}^{-i\delta_2}(1+\mathrm{e}^{-i\delta_1})-1]}$$

由柔性生产量比较可知，NI 下 IMS 利润小于 CS&RS 双重契约激励下 IMS 利润。由于 $\mathrm{e}^{-i\delta_2}<1$，因此可以得到上述结论。基于此，比较 $\varPi_{s_2}$ 与 $\varPi_{s_4}$，$\varPi_{s_3}$ 与 $\varPi_{s_4}$。由于 $\mathrm{e}^{-i\delta_2}<1$，因此 $\varPi_{s_4}$ 大于 $\varPi_{s_2}$。故 CS&RS 双重契约激励下柔性生产量大于 RS 契约激励下柔性生产量，CS&RS 双重契约激励下随机产出风险更小，IMS 利润更大。比较 $\varPi_{s_3}$ 与 $\varPi_{s_4}$ 可得，当 $1+\mathrm{e}^{-i\delta_2}<2$ 时，$\varPi_{s_4}$ 大于 $\varPi_{s_3}$。由于 $\mathrm{e}^{-i\delta_2}<1$，因此 $\varPi_{s_4}>\varPi_{s_3}$，此时 CS&RS 双重契约激励下 IMS 利润大于 CS 契约激励下 IMS 利润，IMS 随机产出风险减小。

由上述分析可知，在 CS&RS 双重契约激励的情况下，进行激励的意愿最为强烈。在这种激励下，CS&RS 双重契约激励措施下面对随机产出风险的生产量能够适应市场需求，IMS 随机产出风险最小，IMS 利润增加的最多，供应商就会更加愿意接受激励行为。

6.3 算例分析

M 公司是一家生产电池的大型制造商，通过上下游的供应链提供物料，最终将成品销售到顾客网中。假设主制造商某种电池产品市场 IMS 最大生产量 G 为每天 200 件，随机因子为 0.5，对价格的敏感系数 a 取值为 1，k 取值为 1，产品的成本价格 c 每件为 6 元。基于 Stackelberg 模型的四种对比情况结论如下：

1）对比一

由图 6-1 和图 6-2 可以发现，t 是指制造商的留存收益比例，当 t 越小时，内生激励程度越大，i 与柔性生产量和 IMS 利润呈正相关关系，随着内生激励因子增大，柔性生产量和 IMS 利润变化逐渐变大。根据主从博弈模型可以求解出两种情况下柔性生产量和 IMS 利润，对比 NI 与 RS 契约激励两种情况，RS 契约激励下的柔性生产量和 IMS 利润明显大于 NI 下的柔性生产量和 IMS 利润，RS 契约激励措施下面对随机产出风险的生产量能够适应市场需求，增加收益，因此 RS 契约具有更好的激励效果。

2）对比二

由图 6-3 和图 6-4 可以发现，在对 NI 与 CS 契约激励进行比较时，$(1-u)$ 是制造商的成本分担比例，当 u 越大时，内生激励程度越小，u 与 i 是呈负相关的关系，柔性生产量和利润与内生激励 i 因子呈正相关关系，随着内生激励因子增大，柔性生产量和 IMS 利润变化逐渐变大。根据主从博弈模型可以求解出两种情况下柔

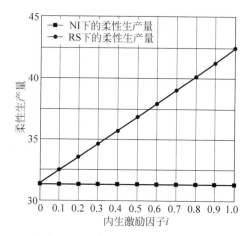

图 6-1　NI 与 RS 柔性生产量对比

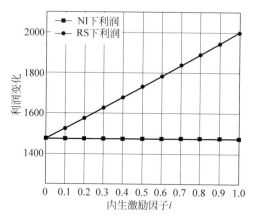

图 6-2　NI 与 RS 利润变化对比

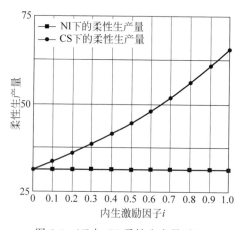

图 6-3　NI 与 CS 柔性生产量对比

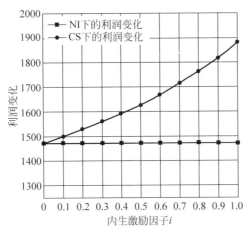

图 6-4　NI 与 CS 利润变化对比

性生产量和 IMS 利润,对比 NI 与 CS 契约激励两种情况,CS 契约激励下的柔性生产量和 IMS 利润明显大于 NI 下的柔性生产量和 IMS 利润,CS 契约激励措施下面对随机产出风险的生产量能够适应市场需求,增加收益,IMS 随机产出风险较小,具有更好的激励效果。

3) 对比三

在式 $t=\mathrm{e}^{-i\delta_1}$,$u=\mathrm{e}^{-i\delta_2}$ 中,δ_1,δ_2 是随着 i 的变化而变化,δ_1,δ_2 取值变化相同,即在 RS 契约和 CS 契约中主制造商分享一比例收益与一比例成本分担带来的激励程度是相同的。根据主从博弈模型可以求解出两种情况下柔性生产量和 IMS 利润如图 6-5~图 6-7 所示。由图 6-5 可以看出,CS 契约激励下柔性生产量远大于 RS 契约激励下柔性生产量,CS 契约激励的效果更好;由图 6-6 可以看出,RS 契约激励下 IMS 利润远大于 CS 契约激励下 IMS 利润,RS 契约激励的效果更好。面对

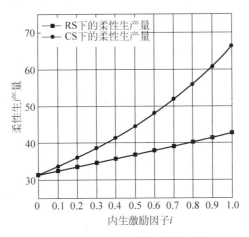

图 6-5　RS 与 CS 柔性生产量对比

IMS 随机产出风险时,主制造商追求的是面对随机产出风险的解决能力,可对 IMS 进行 CS 契约激励;若追求的是 IMS 可获得利润,应对 IMS 进行 RS 契约激励。

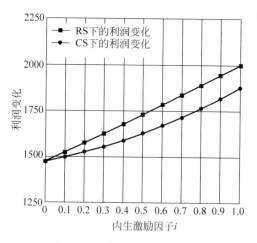

图 6-6　RS 与 CS 利润变化对比

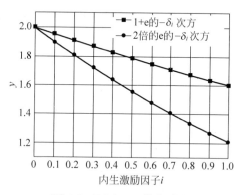

图 6-7　RS 与 CS 数值对比

4) 对比四

图 6-8~图 6-13 分别为 NI、RS 契约激励、CS 契约激励和 CS&RS 双重契约激励进行比较后得到的结果。对三种情况讨论如下:

由图 6-8 和图 6-11 可得 NI 与 CS&RS 双重契约激励的柔性生产量和 IMS 的利润变化,根据主从博弈模型可以求解出两种情况下柔性生产量和 IMS 利润,对比 NI 与 CS&RS 双重契约激励两种情况,CS&RS 双重契约激励下的柔性生产量和 IMS 利润明显大于 NI 下的柔性生产量和 IMS 利润,CS&RS 双重契约激励措施下面对随机产出风险的生产量能够适应市场需求,增加收益,CS&RS 双重契约具有更好的激励效果。

由图 6-9 和图 6-12 可得 RS 契约激励与 CS&RS 双重契约激励的柔性生产量和 IMS 的利润变化,i 小于 1,可得 $e^{-i\delta_2} < 1$,根据主从博弈模型可以求解出两种情

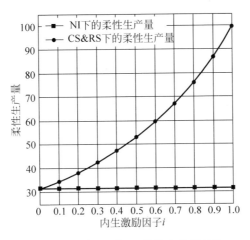

图 6-8　NI 与 CS&RS 柔性生产量对比

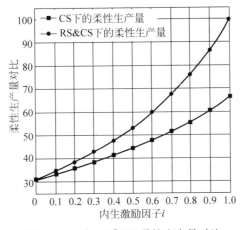

图 6-9　CS 与 CS&RS 柔性生产量对比

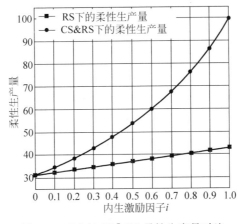

图 6-10　RS 与 CS&RS 柔性生产量对比

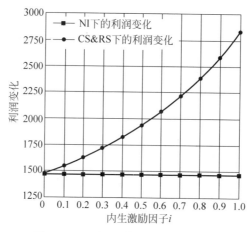

图 6-11 NI 与 CS&RS 利润变化对比

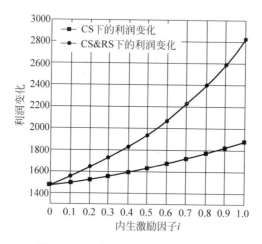

图 6-12 CS 与 CS&RS 利润变化对比

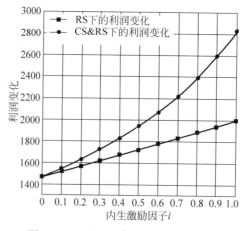

图 6-13 RS 与 CS&RS 利润变化对比

况下柔性生产量和 IMS 利润,对比 RS 契约激励与 CS&RS 双重契约激励两种情况,CS&RS 双重契约激励下的柔性生产量和 IMS 利润明显大于 RS 契约激励下的柔性生产量和 IMS 利润,CS&RS 双重契约具有更好的激励效果。

由图 6-10 和图 6-13 可得 CS 契约激励与 CS&RS 双重契约激励的柔性生产量和 IMS 的利润变化,由于 $i<1$ 可知 $1+e^{-i\delta_2}<2$,根据主从博弈模型可以求解出两种情况下柔性生产量和 IMS 利润,对比 CS 契约激励与 CS&RS 双重契约激励两种情况,CS&RS 双重契约激励下的柔性生产量和 IMS 利润明显大于 CS 下的柔性生产量和 IMS 利润,CS&RS 双重契约具有更好的激励效果。

6.4 管理启示

供应商所属地区和行业的以及供应商服务生产能力的差异直接影响其智能化进程,造成供应链上下游企业的产能发展不平衡,加剧供应商随机产出风险。为了降低风险带来的损失,可参考以下管理启示:

(1) 从内部来看,企业自身的管理革新是智能制造转型发展的关键。企业在宏观战略、创新升级和人才管理等问题上需要根据智能化转型发展要求做出相应调整,例如借助外部平台建设智能制造人才库、针对智能制造技术人才缺乏开展订单式校企合作、通过智能相关专业培训提升企业员工创新能力和适应能力等。

(2) 从外部来看,IMS 能否主动适应市场和环境变化是影响制造企业智能化转型发展的另一个关键。作为主制造商供应链上的重要主体,IMS 应具有专业的智能制造咨询规划团队,熟悉制造企业所属业务领域的知识、技术,具备项目咨询规划经验和个性化定制能力,能够根据智能制造企业供应链的变化需求,实施相应激励策略,助推产业链上的主制造商实现智能化升级。

(3) 主制造商应该重视对 IMS 的隐性激励,灵活运用多种契约激励。在实施企业激励的同时,要多种方式结合,设计多种方式激励相关联的合理运行机制,培养 IMS 团队专业能力,以降低随机产出风险。

6.5 本章小结

供应商在质量、成本、交付期、技术和服务等方面都会隐含随机产出风险,主制造商需要主动对供应商开展内生契约激励。本章针对具有随机产出风险 IMS 的激励问题,从 Stackelberg 博弈视角进行假设和建模,在模型中引入随机产出因子,判断在 NI、RS 契约激励、CS 契约激励以及 RS&CS 双重契约激励下 IMS 的柔性生产量和利润的变化,分析对 IMS 随机产出风险产生的影响,得出以下结论:①在 NI 下,IMS 的风险没有变化,而在 RS 契约激励和 CS 契约激励下随机产出风险随着内生激励因子的变化而变化;②NI 与 RS 契约激励对比,RS 契约行为下能产生更大的激励效果,随机产出风险减小;NI 与 CS 契约激励对比,CS 契约行为下能产生更大的激励效果;③在 RS&CS 双重契约激励下,产生最大的激励效果,提高柔性生产量,更有效地降低 IMS 随机产出风险,增大利润。因此,采取不同契约激励措施判断 IMS 随机产出风险,为决策者激励策略选择提供了参考建议。不过本章得出的结论仅适用于随机产出因子服从均匀分布的情形下的契约激励,供应商产出扰动并不服从均匀分布的情况还有待进一步研究。

第7章

智能制造背景下考虑过度自信风险的供应商激励

7.1 过度自信风险分析

随着信息技术和智能技术在制造领域的深入应用,智能制造成为全球制造产业竞争的核心。为适应智能制造产业升级,制造企业尤其是大型制造企业正在经历前所未有的供应链智能化巨大变革。

在智能制造转型升级中,主制造商对自身智能化水平容易产生过度自信。主制造商产生过度自信的原因有很多,其中对其智能制造能力成熟度水平存在认知偏差是一个主要方面。这种思想上的理解偏差在现实中往往表现为过度自信,即对智能制造建设的投入效果盲目乐观,形成与实际生产制造能力不符的过度自信,基于这种过度自信的运营决策将有损智能制造供应链协同效率和其他供应商成员的利润。为了减少由主制造商智能制造能力成熟度认知偏差所带来的过度自信负面影响,降低决策和运营风险,本章从智能制造能力成熟度理解偏差视角研究智能制造企业过度自信程度判定方法,对主制造商过度自信程度做出量化,并基于此开展与其相适应的 IMS 激励研究。

7.2 基于 t-SNE 的过度自信判定

7.2.1 智能制造能力成熟度指标体系构建

智能制造模型是一套描述智能制造能力提升阶梯及核心要素的方法论,是智能制造的核心内涵,该模型从"智能"+"制造"两个维度深入分析了智能制造的核心要素、特征与要求,为企业提供了一个认知其智能制造综合水平的框架[79]。在制造维方面,企业的核心和基础是制造生产,供应链管理制造生产系统是为了快速有效地响应市场。在智能维方面,智能信息技术应用在企业供应链中的各个方面。按照"智能"+"制造"两个维度,构建智能制造能力成熟度指标体系,具体内容如图7-1所示。该体系在制造维和智能维两个一级指标下,将智能制造成熟度因素分为产品成本、产品质量、产品生态化、智能化水平、供应能力和服务水平6个二级指标[189-191],每个二级指标进一步细化出8个三级指标,共48个三级指标。

7.2.2 数据收集及标准化处理

基于智能制造能力成熟度指标体系,按月度收集智能制造能力成熟度三级指标数据,收集到的数据存储格式如表7-1所示。考虑到三级指标包括正向指标和负向指标,因此需要对表7-1中的数据指标进行标准化,标准化公式如下:

$$y_{ij} = \frac{x_{ij} - \bar{x}}{S_j}$$

其中,x_{ij} 是第 i 季度,第 j 项指标的原始数据;y_{ij} 是 x_{ij} 标准化后的数据;$\bar{x}$ 是第 j 项指标原始数据的平均值;S_j 是第 j 项指标的标准差,即

$$\bar{x}_j = \frac{1}{k}\sum_{i=1}^{k} x_{ij}$$

$$S_j = \sqrt{\frac{1}{k-1}\sum_{i=1}^{k}(x_{ij} - \bar{x}_j)^2}$$

7.2.3 过度自信程度聚类判定

通过 t-SNE 算法对数据进行聚类,得到主制造商过度自信等级图像,以判断主制造商的指标聚类以及主制造商过度自信程度。

通过 t-SNE 算法将智能制造指标标准化后的数据进行分类,得到主制造商智能制造能力成熟度的分类指标簇图像,基于智能制造能力成熟度理论构建的聚类图像可分析出制造维和智能维的振荡程度,图像中指标间的振荡程度代表着智能维和制造维指标能否相互适配,当指标间振荡程度小时,两维指标越能够适配,代表着智能维能力越大,制造维的能力能够跟上智能维能力,就会生产更多更好的智能化产品,其过度自信程度越小;当振荡程度增大,智能维和制造维不能适配,制造能力不能跟上智能能力时,主制造商会对自身智能制造能力产生过度自信行为,过度自信程度越大。根据象限划分把 t-SNE 聚类图分为四个区域(如图7-2所示),纵坐标代表着各指标之间的振荡程度,当纵坐标为正时,指标向正向振荡,说明该指标指标簇对自身指标产生自信,而负坐标向负向振荡易对自身该指标产生不自信行为,本章只讨论纵坐标为正的过度自信情况。

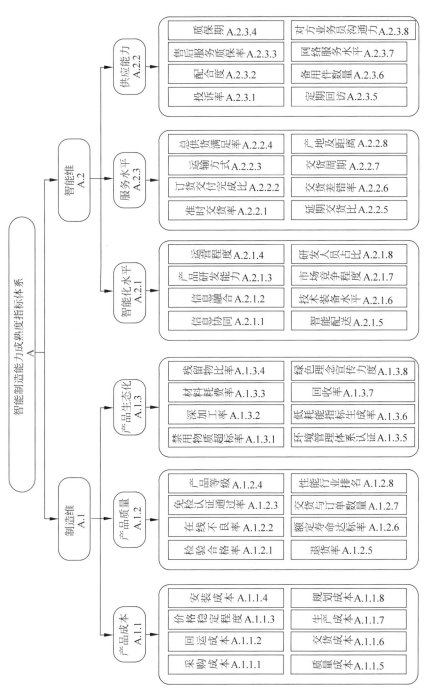

图 7-1 智能制造能力成熟度指标体系

表 7-1　数据收集

指标项	月度						
	1	2	3	⋯	i	⋯	n
1	X_{11}	X_{12}	X_{13}	⋮	X_{1i}	⋮	X_{1n}
2	X_{21}	X_{22}	X_{23}	⋮	X_{2i}	⋮	X_{2n}
3	X_{31}	X_{32}	X_{33}	⋮	X_{3i}	⋮	X_{3n}
⋮	⋮	⋮	⋮	⋮	⋮	⋮	⋮
j	X_{j1}	X_{j2}	X_{j3}	⋮	X_{ji}	⋮	X_{jn}
⋮	⋮	⋮	⋮	⋮	⋮	⋮	⋮
48	X_{481}	X_{482}	X_{483}	⋮	X_{48i}	⋮	X_{48n}

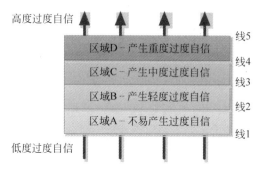

图 7-2　IMS 过度自信等级五线图

线 1 与线 2 之间等级为 A，落在线 1 上的点为无过度自信，当指标簇处于 A 区域时，指标簇振荡程度最低，指标间互相适配，主制造商自我认知准确率高，不易产生过度自信行为；线 2 与线 3 之间等级为 B，B 区域过度自信图像说明指标簇振荡程度较低，主制造商会产生轻度过度自信行为；线 3 与线 4 之间等级为 C，C 区域过度自信图像说明指标簇振荡程度较大且没有互相融合、协同，主制造商易产生中度过度自信行为；线 4 与线 5 之间等级为 D，D 区域过度自信图像说明指标簇振荡程度最大，主制造商产生重度过度自信行为。本章首先通过 t-SNE 算法判断主制造商的过度自信程度，然后基于 Stackelberg 博弈模型研究主制造商过度自信的 IMS 激励问题。

7.3　考虑过度自信的 Stackelberg 激励模型构建

7.3.1　假设条件

假设 IMS 按照面向订单生产（make-to-order，MTO）的运作模式，IMS 与主制造商长期合作，主制造商的产品需求量为 Q，其表达式为

$$Q = G - ap + u_a$$

其中，a 是价格敏感系数；p 为产品价格；u_a 代表不确定需求的期望。θ 表示市场需求的不确定因素，假设 θ 服从正态分布且 $\theta \sim (u_a, \delta^2)$，其中 u_a 代表不确定需求的期望，δ^2 代表不确定需求的波动水平，最大需求量为 $G(G = \max Q)$。本章考虑具有一级主制造商和二级 IMS 二级供应链结构，IMS 以批发价格 w 将产品出售给主制造商，主制造商再以价格 p 将产品销售给客户，产品成本为 c。

假设 7.1 假设存在过度自信行为时会影响市场需求，此时不考虑 IMS 激励，则产品需求量设为 Q，其表达式为

$$Q = G - ap + (1-k)u_a$$

其中，k 代表 IMS 过度自信行为系数。依据 t-SNE 的过度自信等级五线图划为不同的等级，当 k 越大时，过度自信程度越大。

假设 7.2 假设具有过度自信行为时会影响市场需求，并且对供应商进行激励，则产品需求量设为 Q，其表达式为

$$Q = G - ap + (1-k)u_a + bn$$

其中，b 代表 IMS 的激励系数；n 代表市场需求的供应商激励影响下的生产量。

假设 7.3 无论是否存在过度自信，假设对 IMS 进行激励时，IMS 激励成本函数都具有边际成本递增的特征。将激励成本函数表示为

$$F = \frac{1}{2}hn^2$$

其中，$h > 0$ 为供应商激励成本系数，h 值越大，支出的成本越多。

根据假设 7.1～假设 7.3 可得，市场产品需求量为

$$Q = G - ap + (1-k)u_a + bn$$

IMS 利润为

$$\Pi_s = (w-c)[G - ap + bn + (1-k)u_a] - \frac{1}{2}hn^2 \tag{7-1}$$

主制造商利润为

$$\Pi_m = (p-w)[G - ap + bn + (1-k)u_a] \tag{7-2}$$

7.3.2 讨论与分析

对 IMS 进行激励下，IMS 根据生产能力决定所供应产品的价格 w，主制造商会根据 IMS 的决策来决定最终产品的销售价格 p。根据逆向归纳法求解主制造商的最大利润，对式(7-2)的 p 求一阶偏导，并令一阶偏导为零可得

$$p = \frac{G + bn + (1-k)u_a + aw}{2a} \tag{7-3}$$

对 p 求二阶偏导得到 $-2a < 0$，所以此点可以取到最大值，把式(7-3)中的 p 代入式(7-1)中，并对 w 和 n 分别求偏导，此时可以得到产品的最优批发价格和生产能力分别为

$$w_1 = \frac{2h[G+ac+(1-k)u_a]-b^2c}{4ah-b^2} \tag{7-4}$$

$$n_1 = \frac{b[G-ac+(1-k)u_a]}{4ah-b^2} \tag{7-5}$$

由海塞矩阵可得 $\begin{bmatrix} -a & \frac{b}{2} \\ \frac{b}{2} & -h \end{bmatrix}$，供应商期望效益可取得最大值，可以求解出主制造商的最优销售价格和需求量。令

$$M = G + (1-k)u_a \tag{7-6}$$

则式(7-4)和式(7-5)可改写为

$$w_1 = \frac{2h(M+ac)-b^2c}{4ah-b^2}, \quad n_1 = \frac{b(M-ac)}{4ah-b^2} \tag{7-7}$$

将式(7-7)代入式(7-3)，并根据 $Q = G - ap + (1-k)u_a + bn$，可得

$$p_1 = \frac{3Mh - b^2c + ach}{4ah-b^2}, \quad Q_1 = \frac{ah(M-ac)}{4ah-b^2} \tag{7-8}$$

将式(7-8)代入式(7-1)和式(7-2)可得

$$\Pi_{s_1} = \frac{h(M-ac)^2}{2(4ah-b^2)^2}, \quad \Pi_{m_1} = \frac{ah^2(M-ac)^2}{4ah-b^2} \tag{7-9}$$

(1) 讨论一

当制造商存在过度自信，无IMS激励时，即 $b=0, k>0$，则式(7-8)变为

$$p_2 = \frac{3Mh+ach}{4a^2h}, \quad Q_2 = \frac{ah(M-ac)}{4ah}$$

将上式分别对 M 求偏导，并将 M 对 k 求偏导，则可得

$$\frac{\partial p_2}{\partial M} = \frac{3h}{4ah^2}, \quad \frac{\partial Q_2}{\partial M} = \frac{ah}{4ah}, \frac{\partial M}{\partial k} = -u_a < 0$$

因此可得

$$\frac{\partial p_2}{\partial k} = -u_a \frac{3h}{4ah^2}, \frac{\partial Q_2}{\partial k} = -u_a \frac{ah}{4ah}$$

由上式可知，p_2 随着 k 的增大而减小，当过度自信系数增大时，销售价格降低；Q_2 随着 k 的增大而减小，当过度自信系数增大时，产品需求量减小；k 越大，制造商越易产生过度自信，导致产生的利润降低。

(2) 讨论二

当制造商存在过度自信，开始进行IMS激励时，即 $k>0, b>0$，则式(7-8)变为

$$p_3 = \frac{3Mh - b^2c + ach}{4ah-b^2}, \quad Q_3 = \frac{ah(M-ac)}{4ah-b^2}$$

由于 $p=\dfrac{G+bn+(1-k)u_a+aw}{2a}$，$w_1=\dfrac{2h(M-ac)-b^2c}{4ah-b^2}$，因此 p_3 随着 b 的增大而增大，当 IMS 激励系数增大时，销售价格提高。由于 $\dfrac{\partial Q_3}{\partial b}=\dfrac{2abh(M-ac)}{(4ah-b^2)^2}$ 可得，当 $(4ah-b^2)^2>0$ 且 $M>ac$ 时则 Q_1 随着 b 的增大而增大，当 IMS 激励系数增大时，需求量变大；$M<ac$ 时 Q_1 随着 b 的增大而减小，当 IMS 激励系数增大时，需求量变小。不考虑分母时，当 b 增大，IMS 激励对供应链利润产生的影响增大，激励程度越大，IMS 利润越大。

7.4 算例分析

7.4.1 过度自信判定模型算例分析

本章使用 Matlab 进行 t-SNE 算法训练，研究 IMS 智能制造成熟度指标的空间聚类，在 t-SNE 机器学习聚类过程中，所用数据是主制造商的月度数据，参数设置如下：前期放大系数为 30，困惑度为 5，训练次数为 500，得到的聚类结果如图 7-3 所示。

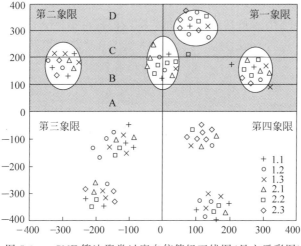

图 7-3　t-SNE 算法聚类过度自信等级五线图（见文后彩图）

由图 7-3 可得到智能制造成熟度聚类指标簇，已标出的四类指标簇代表着四个不同的过度自信等级，由表 7-2 可以得到智能制造成熟度不同指标象限以及不同指标带来的过度自信数值范围。在图 7-3 中，智能制造成熟度指标数据分布以横纵坐标原点为中心向外扩散。横坐标的大小代表智能制造成熟度指标的数据大小相对于均值情况，代表各指标实际能力大小。纵坐标表示智能制造成熟度智能维和制造维数据均衡振荡程度。图 7-3 中，1 指标为制造维指标，1.1、1.2、1.3 分别为制造维的一级指标，2 指标为智能维指标，2.1、2.2、2.3 分别为制造维的一级指标。由图可知,在第一象限内的下方指标簇大多数在 B 区域,指标的数据为正且大多为智能维的指标,说明智能维的指标振荡程度大,制造商对自身智能制造能力过度自信程度处于轻度过度自信范围内;第一象限内的上方指标簇在大多处在 D 区域,指标的数据为正且制造维指标居多,说明制造商过度自信程度大致处于重度过度自信范围内之间。第二象限内两个指标簇大多处在 B 区域,制造维与智能维数据均存在,此时制造商处于中度过度自信范围内。

表 7-2 过度自信等级说明

得 分	区 域	等 级 说 明
(0,5]	A	不易产生过度自信
(5,10]	B	轻度过度自信
(10,15]	C	中度过度自信
(15,20]	D	重度过度自信

7.4.2 供应商激励模型算例分析

M 公司是一家生产电池的大型制造商,通过上下游的供应链提供物料,最终将成品销售到顾客网中。假设主制造商某种电池产品市场最大需求量 G 为每天 100 件,对价格的敏感程度 a 取值为 1,h 取值为 1,产品的成本价格 c 每件为 6 元,u_a 取值为 10。基于 Stackelberg 博弈供应商激励模型算例分析如下:

通过 Matlab 进行数值分析,利用 origin 绘图软件将根据讨论一得到的数值结果绘制成图 7-4~图 7-7。由图可知,产品价格和需求量随着制造商的过度自信程度的增加而降低。当 k 值大于 10 时,制造商处于中度以上过度自信,产品价格以及需求量为负值不符合实际,故不予讨论。当 k 值小于 10 时,制造商处于轻度过度自信以下,主制造商会降低产品价格,需求量会随着供应的过度自信的增大而减小。由图可知 IMS 利润随着过度自信的增大而减小,主制造商利润随着过度自信增大而减小。当主制造商的过度自信系数增大时,产品价格减小,IMS 收益减小。

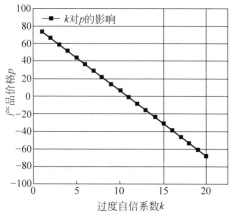

图 7-4 过度自信对产品价格的影响

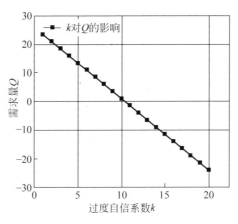

图 7-5 过度自信对需求量的影响

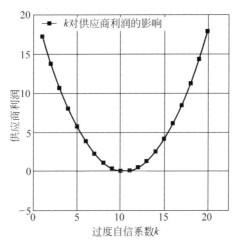

图 7-6 过度自信对供应商利润的影响

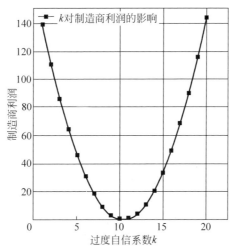

图 7-7 过度自信对制造商利润的影响

根据讨论二,当供应商激励系数 b 分别取 0.1、0.2、0.5、0.8 时,所得到的结果分别如图 7-8、图 7-9 所示。当 k 大于 10 时产品价格与需求量为负值,因此截取 k 小于 10 时存在过度自信时,IMS 激励对于供应链的影响图像,此时判断 b 在 0.1、0.2、0.5、0.8 的不同取值时对供应商链产生的影响。由图可知,当激励增大时,产品的价格增大,主制造商以及供应链利润损失明显减小。这表明 IMS 激励有利于减少过度自信给供应链带来的损失。

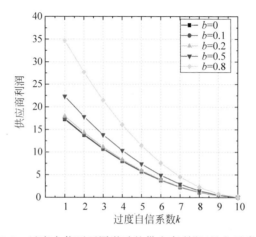

图 7-8　过度自信下不同激励的供应商利润(见文后彩图)

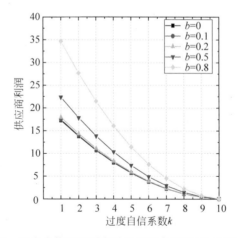

图 7-9　过度自信下不同激励的制造商利润(见文后彩图)

7.4.3　管理启示

在智能制造产业升级大背景下,智能制造商主体与供应商客体两个变量希望通过交互作用对产品进行协同制造,实现协同收益。但是,目前我国智能制造发展整体处于探索阶段,企业之间存在发展不均衡的现象。由于部分企业不能充分地认知和理解智能制造,不仅缺少科学的发展定位和路径规划,甚至不了解企业自身所处智能制造发展阶段,从而对企业智能制造能力产生过度自信。

因此,智能化转型中主制造商不仅要着力推进智能化技术升级,更要加强对智能制造能力的认知和量化,通过研究得出以下管理启示:

(1) 在企业内部,要提升管理层、技术人员对智能制造能力成熟度的认知水平,选人用人时注重对人员的培训,增强其对智能制造成熟度的理解和认识,加大推行智能制造能力成熟度评价活动,科学判定企业智能制造能力成熟度水平,避免主制造企业过度自信行为,降低决策风险。

(2) 在企业外部,应重视智能制造背景下供应链的协同发展,了解 IMS 与主制造商的互动情况,在建立起信任关系的同时,也要建立起相应的控制措施,监督协同过程中是否出现过度自信行为。另外在企业交易中关注影响 IMS 激励效果的隐性因素,并采取相应的激励措施来促进企业间交流,减少主制造商过度自信行为给制造供应链带来的负面影响。

7.5　本章小结

在智能制造建设过程中,对 IMS 资质审查能力不足,以及主制造商大量财力、人力、技术等资源的集中投入,使得主制造商易产生过度自信行为,影响决策者做出生产运营的最优决策。为降低主制造商过度自信等认知偏差给供应商乃至供应链整体效益带来的负面影响,从智能制造能力成熟度视角开展考虑过度自信的 IMS 激励研究显得尤为必要。本章基于智能制造能力成熟度理论构建指标体系,运用 t-SNE 算法对制造商过度自信相关数据进行训练,以判定其过度自信程度,结合 Stackelberg 博弈思想,引入过度自信系数与 IMS 激励因子构建激励模型,通过案例验证 IMS 激励对具有主制造商过度自信的供应链的积极影响,得出以下结论:①过度自信对智能制造供应链的协同效率有负面影响;②过度自信会促使其降低产品价格以及需求量;③有效的 IMS 激励会提高供应链协同的收益,降低过度自信带来的损失。在智能制造产业升级大背景下,IMS 不仅要着力推进智能化改造,更要重视智能制造能力认知模式的创新发展,关注影响供应商激励效果的隐性因素,提高智能制造供应链整体效益。

第8章

智能制造背景下考虑协同贡献度的供应商收益分配

鉴于智能制造供应商网络协同效果有时达不到网络成员所期望的水平,本章以协同收益分配为切入点,进一步探索复杂供应商网络协同效率的提升策略。

8.1 协同收益与协同效率关联性分析

供应商作为制造资源流转过程中承接供应链上下游的重要媒介,与其维持高效的协同关系是制造企业实现智能化转型的必经之路。现实情境中,主制造商与供应商之间大多呈现一种较为松散的供应商网络关系,即强连接和弱约束。随着时间的推移,供应商本身对于协同任务的参与意愿和努力程度可能会因为环境的变化发生波动。由于外部环境复杂且不可控,主制造商对网络内部的供应商采取激励措施是引导供应商主动配合主制造商完成协同任务、维护主体之间关系黏性和提高供应商网络协同效率的关键。

被现代管理学之父 Drucker 誉为"管理学先知"的 Follett 曾提到:"个体需要在团队中进行协作并整合冲突,从而迸发更大的价值[89]。"在通常情况下,组织成员在目的和行为的选择上具有多样性,而组织的有效性取决于其成员是否具有一致性的行为,即其中隐含着"透过集体既可以满足个体的需求,又能够实现组织目标"的前提条件[5]。就整体而言,影响供应商网络协同效率的因素是多方面的,而对于一个勇于承担社会责任、履行商业信誉的企业来说,利润最大化是其所追求的终极目标。当供应商网络中成员的收益得到了科学的分配,协同合作也会随之朝着高效、稳定的方向发展。因此，协同效率优化问题可转化为多个子问题进行探讨，协同收益分配问题即是其中之一。

由于不同供应商所供给的物料重要程度、份额占比、可获得性、不可替代性以及战略潜能等指标差异化，不同供应商所给予主制造商的价值影响也不尽相同。为了提高复杂供应商网络的整体协同效率，激发网络成员的积极性和创造性，有必要对主制造商与关键供应商所构成的协同联盟进行合作利益分配研究，使其建立在科学、合理和公平的前提下，确保网络成员所获得的协同收益与其付出正相关，从而充分发挥自身能力优势，做到"物尽其用、人尽其才"，以实现复杂供应商网络收益和效率最大化的目标。

8.2 Shapley 值法协同收益分配方法

在利用 Shapley 值法进行合作收益分配前，需要联盟中的各参与主体对不同组合状态下的联盟获利情况有一个较为确切的预先判断，此外还要对合作博弈的本质和模型的原理有着充分的认知。考虑到知识联盟和其子联盟的产出并非一定是确定的，这将会在很大程度上影响 Shapley 值法的使用，针对这一情况，为取得相对准确和可信的效用值，往往借助于 AHP、FCE 和 ANP 等综合评价方法对结果进行估计。

Shapley 值法认为，一个合作对策问题的解决应满足对称性、有效性和可加性三个公理性条件，且在该条件下的分配方案具有唯一性。具体地，当有多个参与人从事某项社会经济活动时，相比个体单独行动时所创造的收益值，任意数量的个体因合作构成的非空子集会产生不同程度的经济增益，并表现为集体理性和个体理性同时作用于联盟整体和其中的每个个体。在各个合作子集内部成员之间无掣肘的情形下，这种增益会随着合作子集中个体数目的增加而扩大，最大的经济效益将在全员参与的协同活动中诞生，Shapley 值法是分配该最大经济效益的方法之一。

8.2.1 Shapley 值法应用

根据 2.9 节中 Shapley 值法模型的原理，应用 Shapley 值法构建协同收益分配方案，分析 Shapley 值法的优缺点。下面举例进行说明。

假设一个协同联盟 I 包含主制造商 A 与两个供应商 B 和 C，S 为协同联盟 I 可构成的子集。若三者单独行动，分别可以产出 6、3、4 个单位的效益；若企业两两组合参与协同合作将对价值创造有一定的增益效果，即 A 与 B 协同合作可产出 10 个单位的效益，A 与 C 协同合作可产出 11 个单位的效益，B 与 C 协同合作可产出 8 个单位的效益；若 A、B 和 C 三者共同参与协同合作，则能够产出最多的 18 个单位的效益。

借助 Shapley 值法对联盟的协同收益进行分配的结果如表 8-1～表 8-3 所示，

对表内数据归纳总结可知：

$$\begin{cases} \pi_A(v) > 6, \pi_B(v) > 3, \pi_C(v) > 4 \\ \pi_A(v) + \pi_B(v) + \pi_C(v) = 18 \\ \pi_A(v) + \pi_B(v) + \pi_C(v) > 13 \end{cases} \tag{8-1}$$

表 8-1 主制造商 A 的收益分配

S	A	A∪B	A∪C	A∪B∪C
$V(S)$	6	10	11	18
$V(S\backslash A)$	0	3	4	8
$V(S)-V(S\backslash A)$	6	7	7	10
$\lvert S \rvert$	1	2	2	3
$W(\lvert S \rvert)$	1/3	1/6	1/6	1/3
$W(\lvert S \rvert)[V(S)-V(S\backslash A)]$	2	7/6	7/6	10/3
$\pi_A(v)$			23/3	

表 8-2 供应商 B 的收益分配

S	B	B∪A	B∪C	B∪A∪C
$V(S)$	3	10	8	18
$V(S\backslash B)$	0	6	4	11
$V(S)-V(S\backslash B)$	3	4	4	7
$\lvert S \rvert$	1	2	2	3
$W(\lvert S \rvert)$	1/3	1/6	1/6	1/3
$W(\lvert S \rvert)[V(S)-V(S\backslash B)]$	1	2/3	2/3	7/3
$\pi_B(v)$			14/3	

表 8-3 供应商 C 的收益分配

S	C	C∪A	C∪B	C∪A∪B
$V(S)$	4	11	8	18
$V(S\backslash C)$	0	6	3	10
$V(S)-V(S\backslash C)$	4	5	5	8
$\lvert S \rvert$	1	2	2	3
$W(\lvert S \rvert)$	1/3	1/6	1/6	1/3
$W(\lvert S \rvert)[V(S)-V(S\backslash C)]$	4/3	5/6	5/6	8/3
$\pi_C(v)$			17/3	

上述实例的结果表明：协同联盟的形成对效益产出有很大的推动作用，作为利益的既得者，协同联盟内的每个参与方的收益都得到了不同程度的提升。

8.2.2 Shapley 值法缺陷

运用 Shapley 值法对联盟的协同收益进行分配，依据的是参与方给予联盟的协同边际贡献大小，该方法虽然体现了收益分配上的非平均主义思想，但本身尚存在一定缺陷，其"对称性"公理并未反映实际供应商网络中不同企业间的个体行为差异。

Kalai 等[192]曾以一个简单的例子对该分配方法的公平性和合理性提出了疑问：假设企业 A 与企业 B 单独进行项目开发，每方仅能保证收支平衡；若两企业协同参与该项目的开发，最终可共同获得一个单位的总收益。根据 Shapley 值法的收益分配准则的规定，因企业 A 与企业 B 对于协同收益的边际贡献等同，双方各分得总收益的一半。从现实角度出发，当联盟的协同过程缺乏第三方机构或平台的监管时，在利益的驱使下，联盟内部极易出现消极怠工的现象，这会导致一部分企业承担了原本属于其他企业的劳动，而最终这种努力程度的不对等换来不变比例的收益回报。

由此可见，Shapley 值法在利益分配的策略上忽略了可能存在收获与付出不对等的情形，实质上隐含着各盟员在实际协同过程中付出均等的前提条件。显然，Shapley 值法中"对称性"公理条件是否成立，不仅与联盟成员的收益贡献度相关联，同时还与联盟成员的协同贡献度密不可分，故仅以边际贡献值作为联盟协同收益的分配标准是不够严谨的。为有效避免联盟中"出工不出活"的情况发生，更好地体现"多劳多得、不劳不得、能者多劳"的分配原则，有必要对现有的收益分配方案做出适当的改进，分析并量化其中影响联盟协同贡献度的各类因素。

8.3 考虑协同贡献度的复杂供应商网络协同收益分配模型

对于复杂供应商网络而言，主制造商和供应商所构成的协同联盟本质上是其子网络。鉴于传统 Shapley 值法在协同收益分配过程中存在的不足，为更好地调动联盟成员的协同积极性，本节拟通过增添"协同贡献度"这一概念对其进行优化与改进，将影响联盟协同贡献度的因素总结并归因于实际协同能力和观测协同能力。

8.3.1 复杂供应商网络成员实际协同能力影响因素

实际协同能力反映了企业在现实协同活动中为联盟所付出的努力，对于此能力的考察，复杂供应商网络中的不同联盟可根据自身的偏好和关注点选取相应指标。参照前文协同效率评价过程所构建的指标评价体系，本节将着重从如下几个方面对复杂供应商网络成员的实际协同能力的影响因素进行分析：

(1) 产品质量因素 q。产品质量的重要性对于任何一家企业都是不言而喻的，作为维护企业竞争力核心载体，供应商所提供产品的质量一直是主制造商在生产环节关注的首要议题。质优产品在为联盟的协同创新活动提供最基本保障的同时也营造了良好的口碑,潜移默化地帮助企业在经营活动中产出更多的收益。劣质产品则会带来一系列的误工损耗和经济损失,致使联盟无法发挥出应有的协同优势。产品质量因素具体可通过产品技术性能、产品合格率、产品匹配度以及售后服务与保障等方面进行考察。

(2) 交付能力因素 d。交付能力主要体现在订货提前期、准时交货率和需求变更快速响应能力等方面,能够间接反映出一家企业的信誉、参与积极性和技术水平。在供应商绩效考核量表中,除首要的产品质量因素外,供应商的交付能力是企业关注的另一个重点。当前,科技的进步稳步推动消费者个性化需求的提升,驱使着许多大型制造企业不断提高产品的更新换代速度,面对灵活多变的市场环境,欲在有限的时间内实现对资源的高效吸收和整合,使得主制造商对供应商的交付能力提出了高要求。

(3) 风险分担因素 r。供应链风险作为一种潜藏的隐患,存在于供应链中的任意供需环节。出于供应链系统的复杂性原因,很难对真实世界中的具体风险类别做出界定,可按照其产生的机理和表征,将其划分为内生性风险和外生性风险。

内生性风险普遍由供应链上下游的信息不对称、制造柔性缺乏、企业文化差异以及个体理性所造成,如常见的道德风险、库存风险和投机风险等。外生性风险来自企业外部,市场需求波动、政治博弈、经济周期以及政策修订等都会对企业的生产经营活动造成不同程度的风险。风险分担并非风险均担,传统 Shapley 值法未反映不同联盟成员所承担的风险差异,改进后的方案依据供应商所提供产品的不可替代性和技术水平等对供应商所承受的风险大小进行评估,使其成为联盟协同收益分割的一项关键因素。

(4) 信息共享因素 s。企业的生产经营和计划调度均离不开信息的支持和反馈,制造业的智能化进程同样也依赖于对信息的管控,信息的重要性越发明显。一直以来,如何在企业之间设计并建立信息的实时共享机制方案是供应链协同研究的重要方向之一。

已有研究表明,信息共享与供应链的收益具有关联性,信息共享能够极大地消除联盟内部信息不对称引发的损耗,为价值创造提供助力。然而,信息共享的实现需要数字化技术的支撑,企业管理者在获取决策判断所必须信息元素的同时,作为代价企业也会投入大量的人员、物力和金钱。因此,有必要借助信息集成度、信息透明程度和信息发布与传递准确性等指标将信息共享因素纳入联盟的协同收益分配过程。

(5) 成本投入因素 c。成本作为补偿生产经营耗费的尺度,是综合体现企业劳动成效的指标和企业制定产品销售价格的重要依据。从现实来看,虽然成本投入与真实回报并非在任何情况下都呈正相关,但至少可从侧面反映出该企业为产品的设计、开发、生产等环节付出了大量的资源,抑或表明该企业的产品本身具备较高的经济价值。

在智能制造背景下,高品质并不一定意味着高成本,然而在高成本与高品质等价这一点上是能够达成普遍共识的,如当前中国本土品牌"华为"陷入的"卡脖子"事件,正是由于高端芯片自主研发需要投入大量时间成本和经济成本导致未能在芯片制造上掌握主动权。由此可见,成本投入是关系收益分配公平性和合理性原则的一项关键因素,选取企业的固定成本投入、协同成本投入和创新成本投入等指标对该因素进行量化并将其应用于联盟的协同收益分配过程中十分必要。

8.3.2 复杂供应商网络成员观测协同能力影响因素

观测协同能力是指在网络化视角下企业理论上能为联盟的协同所付出的努力,可借助节点企业的网络地位进行刻画。由复杂供应商网络无标度的性质可知,因节点的连接不服从均匀分布,使得不同节点的度值差异化,从而节点的网络地位具有异质性。结合企业现实中的发展阶段特点,分析可得:网络地位较低的节点数量庞大,对应复杂供应商网络中的中小型企业,其规模较小、知名度一般、管理模式相对简单且技术能力有提升空间;网络地位较高的节点数量较少,对应复杂供应商网络中的大型企业,其规模庞大、资金雄厚、行业影响力大且具有成型的业务管理模式和较高的能力成熟度。

当网络节点地位较低的企业与网络地位较高的企业建立协同关系时,源于能力上的差距,网络节点地位较低的企业往往从事辅助类的工作,随时间推移会逐步造就其依赖心态,以至于降低自身协同积极性和努力水平。而对于网络节点地位较高的企业而言,地位的优越性容易引发管理者过度自信的现象,受到该认知偏见的作用,作为联盟成员,无论是供应商还是主制造商均会对联盟的协同进程产生影响。此外,这类企业下辖部门众多、团队实力出众,具备同时与多个联盟进行协同的能力,虽然很难从数据层面直观地体现该行为对于协同的影响,但"一心多用"势必会分散其协同精力。

上述内容总结了复杂供应商网络内部节点企业在协同过程中可能产生的一些负面效应,结合节点网络地位异质性因素可知:不同企业的能力大小有差别,企业是否表现出了与其观测协同能力相匹配的实际协同能力,是本章进行协同收益分配的核心依据。下面将举一个较为极端的例子对此做出解释。

结合 3.1.3 节的内容,设联盟中有两个企业 A 和 B,二者所表现出的实际协同能力完全相同,不同点在于企业 A 为网络中心点,企业 B 为外围节点。从表面上来看,在进行协同收益分配时,二者应取得的收益等同,但考虑到二者网络地位的悬殊,可以判定:企业 A 未竭尽所能地参与到协同工作中来,而企业 B 则充分发挥其主观能动性,全力以赴甚至在其能力范畴之外配合联盟创造协同价值。因此,站在公平的角度,企业 B 相较企业 A 应获得更多的协同收益。

8.3.3 考虑协同贡献度的复杂供应商网络协同收益分配方案

改进后的协同收益分配方案着重强调参与方的态度,不会对其中网络地位较低的企业产生歧视,只要企业对联盟协同的付出与其能力正相关,无论其网络地位如何都理应获得更多的收益,而这部分收益则来源于对联盟的协同未倾尽全力的企业的惩罚。本节将在量化实际协同能力和观测协同能力影响因素的基础上与传统 Shapley 值法相结合,构建考虑协同贡献度的复杂供应商网络协同收益分配方案。

(1) 实际协同能力的量化

规定实际协同能力的五种影响因素为一级指标,其下辖的二级指标由两类构成且均为效益型,一类是能够通过数据值的大小直观反映的显性指标,另一类是很难利用客观结果刻画的具有模糊性特质的隐性指标。在一个由 n 个参与方构成的协同联盟 S 中,针对显性指标,如产品合格率指标、准时交货率指标以及固定成本投入指标等,可通过式(8-2)进行量化:

$$x_i = \frac{y_i}{\sum_{j=1}^{n} y_j}, \quad i=1,2,\cdots,n \tag{8-2}$$

其中,x_i 表示第 i 个参与方的待量化指标;y_i 表示第 i 个参与方的记录数据值。与显性指标相比较而言,隐性指标的占比要大得多,如售后服务与保障指标、需求变更快速响应能力指标以及与风险分担因素和信息共享因素相关的全体指标均为隐性指标。对于该类型指标的量化则考虑采取第三方考评的方式,邀请多位从事供应链管理多年、具有不同专业和技术背景、曾担任企业重要岗位负责人的业内权威专家进行打分,不同专家之间无权重差异。在此基础上,利用熵权法将二级指标整合成为一组包含权重、平行且相互独立的统一化一级指标,最终将实际协同能力以实际协同贡献水平 $\bar{\omega}_i$ 的方式呈现。

设 q_i、d_i、r_i、s_i 和 c_i 表示五项一级指标的评价值,w_q、w_d、w_r、w_s 和 w_c 对应五项一级指标的权重,则协同联盟 S 中参与方 i 的实际协同能力综合评价值 λ_i 为

$$\lambda_i = q_i w_q + d_i w_d + r_i w_r + s_i w_s + c_i w_c \tag{8-3}$$

其中,$w_q + w_d + w_r + w_s + w_c = 1$。由此可求得参与方 i 的实际协同贡献水平 $\bar{\omega}_i$ 为

$$\bar{\omega}_i = \frac{\lambda_i}{\sum_{i=1}^{n} \lambda_i} \tag{8-4}$$

其中,$\sum_{i=1}^{n} \bar{\omega}_i = 1$。

(2) 观测协同能力的量化

相对度数中心度是复杂网络中用于描述节点相对核心程度的指标[193],能够综合呈现节点在网络中的影响力和地位,故将其作为观测协同能力的刻画依据。由于相对度数中心度是以网络全体为基点测量得到的,当研究环境置换并缩小至

协同联盟时,为直观比较各参与方的观测协同能力,需要对数值进行归一化处理,从而得到观测协同贡献水平 ϑ_i 为

$$\vartheta_i = \frac{C_{\mathrm{RD}}(i)}{\sum_{i=1}^{N} C_{\mathrm{RD}}(i)}, \tag{8-5}$$

式中,$\sum_{i=1}^{n}\vartheta_i = 1$。

(3)改进后的协同收益分配方案

企业是否表现出了与其观测协同能力相匹配的实际协同能力是本章进行联盟协同收益分配的核心依据,即相较于收益分配方案优化前,企业实际协同能力与观测协同能力之间的差值是决定该企业最终所获收益多寡的关键。为使改进前后的协同收益值尽量保持在一个相对可接受的柔性范围内,避免因协同收益的一次性大量转移导致联盟中的各参与主体认同感降低,进而产生不和谐的声音,引入协调系数 γ。设协同联盟 S 经优化后的成员收益为 $\pi'_i(v)$,可以得到

$$\pi'_i(v) = \pi_i(v) + \gamma(\bar{\omega}_i - \vartheta_i)V(S) \tag{8-6}$$

当 $\bar{\omega}_i > \vartheta_i$ 时,$\pi'_i(v) > \pi_i(v)$,表明参与方 i 在协同过程中为联盟所付出的努力超过其理论上所能达到的阈值,联盟对其增添收益以示奖励;当 $\bar{\omega}_i = \vartheta_i$ 时,$\pi'_i(v) = \pi_i(v)$,表明参与方 i 在协同过程中为联盟所付出的努力与其理论上所能达到的阈值持平,此时维持原有收益分配状态不变;当 $\bar{\omega}_i < \vartheta_i$ 时,$\pi'_i(v) < \pi_i(v)$,表明参与方 i 在协同过程中为联盟所付出的努力低于其理论上所能达到的阈值,联盟对其削减收益以示惩罚。

8.4 算例分析

上接 8.2.1 节的算例。假设在复杂供应商网络中,主制造商 A、供应商 B 和 C 在产品质量 q、交付能力 d、风险分担 r、信息共享 s 以及成本投入 c 这五项一级指标上的得分为:$q=\{9,7,8\}$,$d=\{9,7,6\}$,$r=\{8,6,7\}$,$s=\{8,8,7\}$,$c=\{9,5,6\}$;所对应的指标权重为:$w_q=0.09$,$w_d=0.24$,$w_r=0.11$,$w_s=0.03$,$w_c=0.53$;主制造商 A、供应商 B 和 C 的相对中心度为:$C_{\mathrm{RD}}(A)=0.38$,$C_{\mathrm{RD}}(B)=0.12$,$C_{\mathrm{RD}}(C)=0.25$。由此可以计算出实际协同能力综合评价值 λ_i、实际协同贡献水平 $\bar{\omega}_i$ 和观测协同贡献水平 ϑ_i 分别为

$$\lambda_A = 8.86, \quad \lambda_B = 5.86, \quad \lambda_C = 6.32$$

$$\bar{\omega}_A = 0.42, \quad \bar{\omega}_B = 0.28, \quad \bar{\omega}_C = 0.30$$

$$\vartheta_A = 0.51, \quad \vartheta_B = 0.16, \quad \vartheta_C = 0.33$$

假设协调系数 $\gamma = 1/3$,则主制造商 A、供应商 B 和 C 经修正后的协同收益分别为

$$\pi'_A(v) = 23/3 + 1/3 \times (0.42 - 0.51) \times 18 = 1069/150$$

$$\pi'_B(v) = 14/3 + 1/3 \times (0.28 - 0.16) \times 18 = 808/150$$
$$\pi'_C(v) = 17/3 + 1/3 \times (0.30 - 0.33) \times 18 = 823/150$$

由算例结果可知,考虑协同贡献度的复杂供应商网络协同收益分配方案使参与方的协同收益发生了变化:$\pi'_A(v) < \pi_A(v), \pi'_B(v) > \pi_B(v), \pi'_C(v) < \pi_C(v)$;供应商 B 的协同收益得到增加,主制造商 A 和供应商 C 的协同收益则出现不同程度的降低,且缺失的部分是供应商 B 获得的额外收益。该现象有效诠释了改进后的协同收益分配方案"多劳多得、不劳不得、能者多劳"的分配原则,即在协同收益分配的策略上,不得以企业的规模、声望和地位等作为约束条件,只要企业对联盟的协同活动付出了与其能力相匹配的努力就理应取得更多的收益,多出的这部分收益则来源于对未倾尽全力的企业的惩罚。

从观测协同贡献水平 ϑ_i 的数值来看,$\vartheta_A > 3\vartheta_B, \vartheta_C > 2\vartheta_B$。显然,主制造商 A 和供应商 C 的企业整体实力远在供应商 B 之上,但在实际协同过程中却并未体现出"能者多劳"的行为特点。现实中,大型企业作为联盟的主导者往往掌握着数倍于中小企业的各类资源,强大的综合实力赋予其在协同能力方面得天独厚的优势。因此,为保证协同工作顺利、高效和有序地推进,大型企业有责任也有义务为联盟做出更大的贡献,并积极地带领联盟中的其他成员创造更多的价值。

8.5 管理启示

在一些常见的、简单的联盟收益分配模型中,大多以合作初始阶段的资金、技术等资源的投入量作为最终收益划分的依据,缺乏对于实际合作进程中关于参与方的能力与贡献度之间是否平衡的关注,导致其中一些为联盟付出了极大努力的企业无法得到应有的回报,进而逐步丧失合作积极性,最终影响到联盟的协同效率。

考虑协同贡献度的复杂供应商网络协同收益分配方案贯穿"多劳多得、不劳不得、能者多劳"的原则,相比传统 Shapley 值法模型更加公平、科学、合理,同时也更加符合当下供应商网络的商业价值逻辑和行为特征,有助于协调和改善原有因收益分配不合理引发的相互博弈和消极怠工等问题,从而引导并激励联盟中的各主体主动、自发、积极地参与到协同活动中来,间接实现复杂供应商网络协同效率的提升。

在智能制造背景下,制造企业智能化转型是一个向高层次蜕变的过程,在此期间需要全体复杂供应商网络成员的通力合作。协同带来的好处是显而易见的,从收益的分配结果来看,不仅增加了联盟的整体效益产出,联盟内的每个参与方的收益也得到了不同程度的提升。主制造商作为供应商网络的核心,同时也是协同联盟的组织者和领导者,作用之大不言而喻,为充分释放并利用网络成员或组织成员的力量,需要主制造商发挥榜样表率作用,身体力行地投入到协同合作中,使所呈现出的实际协同能力持平甚至超过其观测协同能力,从而带领其诸多跟随者高效率地创造出更大的商业价值。

8.6 本章小结

为提高复杂供应商网络整体协同效率,激发网络成员积极性和创造性,本章研究了考虑协同贡献度的复杂供应商网络协同收益分配模型。首先,构建了以主制造商和关键供应商为参与方的协同联盟;其次,基于对传统 Shapley 值法缺点的深入分析,结合复杂网络统计特征中相对中心度的概念以及协同效率评价过程中所构建的指标评价体系,提出"协同贡献度"对传统 Shapley 值法进行优化;再次,选择协同联盟内各参与主体的实际协同能力和观测协同能力作为协同贡献度的影响因素,并提出两种能力量化方法,在此基础上构建考虑协同贡献度的复杂供应商网络协同收益分配方案,通过建立协同收益奖惩机制,进一步加强了供应商付出与回报之间的强因果关系。最后,通过算例验证所提协同收益分配方案的有效性,并根据算例结果为转型升级中的智能制造企业提出供应商管理启示。

第9章

总结与展望

9.1 总结

在智能制造背景下,我国大力推广智能制造发展与应用,传统的供应商正在积极向智能制造供应商转型。当智能、协同、网络等要素组合在一起时,处于智能制造转型过程中的企业很难完全依靠自己的力量增强竞争优势,供应商作为供应链的重要主体,在企业协同制造价值链中发挥着承上启下的关键作用。然而,现实中很多智能制造企业并未成功通过供应商协同将企业竞争优势转化为收益,反而在智能升级中面临着一系列的改革难点、痛点。因此,如何有效评价智能制造背景下复杂供应商协同效率、激励供应商合作行为成为亟待解决的重要问题。本书具体研究工作总结如下:

1) 开展智能制造背景下的供应商效率评价研究

第3章依托复杂网络理论和协同理论,概述了复杂供应商网络的定义及其内外部特征。为避免主制造商和供应商角色混叠对研究的影响,借助生态学中用于判定关键物种的网络模块化相关指标对主制造商进行识别。从复杂适应系统的角度出发,以跨越尺度的结构特征为切入点,将宏观的复杂供应商网络转化为多个以主制造商为核心的多级供应商微观子系统。为合理量化子系统结构模型中成员的协同关系,引入协同熵函数和犹豫模糊记分函数,构建了复杂供应商网络协同评价模型。在此基础上,通过对子系统内部各层级供应商的协同熵值、协同效率和协同比的逐级累进、迭代归总,实现了对复杂供应商网络从局部至整体的协同效率评价。

第 4 章对智能制造企业供应商的特点进行分析,从绩效表现和战略潜力两个维度将供应商分为战略型供应商、效率型供应商和问题型供应商,并设计供应商分类模型。基于智能制造企业供应商的特点分析和供应商效率评价指标体系构建原则,构建了供应商分类指标体系和供应商评价指标体系,并对分类、评价每个指标进行详细解析。将贝叶斯、支持向量机和决策树三个分类方法应用到供应商分类中,并进行准确率对比,围绕分类出的效率型供应商,采用改进 DPMPSO-BP 神经网络模型进行供应商效率评价。最后,结合国内某大型电池制造企业,收集供应商分类和评价基础数据,使用供应商分类模型和评价模型进行仿真。运行结果验证表明该模型可运用于此企业的供应商效率评价工作中,同时对企业提出模型实施建议和企业供应商的管理建议。

2) 开展智能制造背景下的供应商风险评价研究

在中国制造背景下,智能制造供应商(IMS)是协同推动智能制造发展的关键力量,传统的供应商正在积极向 IMS 转型,但是,其供给质量和服务水平良莠不齐,尤其是制造企业智能转型中的痛点问题,对智能制造业态发展造成隐含风险。第 5 章应用管理学、统计学、计算机科学等技术方法开展智能制造背景下 IMS 风险评价研究。首先基于中国智能制造发展现状提炼可观测的风险影响因素形成二级指标,然后构建 IMS 评价指标体系,并运用 PLS-SEM 方法建立 IMS 风险评价模型,最后通过问卷调查收集数据,采用 PLS 算法拟合指标并进行模型检验,应用 Power BI 软件可视化风险影响度。所提方法为智能制造企业选择优质 IMS 提供参考。

3) 开展智能制造背景下的供应商激励研究

第 6 章开展具有随机产出风险 IMS 激励研究。面对智能制造的转型需求,柔性生产具有适应快和灵活性强的特点,有助于智能主制造商快速应对和适应市场需求,降低随机产出风险,成为企业所采取的主要生产方式。基于此,首先从 Stackelberg 博弈视角进行建模,模型中引入随机产出因子,判断在收入共享激励、成本共担激励以及双重契约激励同时进行情况下 IMS 随机产出风险的变化。然后,通过不同激励下供应商随机产出风险的变化,选择不同激励策略来实现柔性生产量的提高,降低 IMS 随机产出风险,实现利润最大化。最后,以国内某大型电池制造企业为例进行算例分析,验证方法的有效性。

第 7 章从智能制造能力成熟度视角开展考虑过度自信的 IMS 激励研究。基于智能制造能力成熟度理论构建指标体系,运用 t-SNE 算法对制造商过度自信进行训练,以判定其过度自信程度,结合 Stackelberg 博弈思想,引入主制造商过度自信系数与 IMS 激励因子构建激励模型,通过案例检验主制造商存在过度自信时,对 IMS 采取激励措施对于供应链具有积极影响,验证了所提模型的有效性。

4) 开展智能制造背景下的供应商收益分配研究

第 8 章为提高复杂供应商网络的整体协同效率,激发供应商成员的积极性和创造性，构建以主制造商和关键供应商为参与方的协同联盟。在对传统 Shapley 值法模型优缺点深入分析的基础上，结合复杂网络统计特征中相对中心度的概念以及协同效率评价过程中所构建的指标评价体系，从协同贡献的角度加入了对协同联盟内各参与主体的实际协同能力和观测协同能力两方面情况的考察。围绕与供应商网络协同相关联的产品质量因素、交付能力因素、风险分担因素、信息共享因素、成本投入因素以及网络地位异质性因素建立协同收益奖惩机制，进一步加强了付出与回报之间的强因果关系，充分体现了"多劳多得、不劳不得、能者多劳"的协同收益分配原则。

9.2 展望

随着智能制造的发展和应用，智能制造背景下的供应商评价、激励等相关问题已形成新的研究趋势。本书针对智能制造背景下的供应商管理问题进行了研究，所提理论和方法具有一定的理论和现实意义，研究成果在一定程度上体现了团队工作的创新。但受到时间和数据等因素限制尚存在一些不足之处，后续将从评价指标体系的动态调整、指标数据的科学获取、模型的进一步完善等方面开展工作。

参 考 文 献

[1] 徐雪,张艺,余开朝.基于BP神经网络的智能制造能力评价研究[J].软件,2018,39(8):162-166.
[2] 张曙.工业4.0和智能制造[J].机械设计与制造工程,2014,(8):1-5.
[3] 赵波,郭楠,于秀明,等.智能制造能力成熟度模型白皮书[M].北京:中国电子技术标准化研究院,2016.
[4] 李随成,王玮,禹文钢.供应商网络形态构念及实证研究[J].管理科学,2013,26(3):19-30.
[5] BORGATTI S P,LI X. On social network analysis in a supply chain context[J]. Journal of Supply Chain Management,2009,45(2):5-22.
[6] WILLHELM M M. Managing coopetition through horizontal supply chain relations:linking dyadic and network levels of analysis[J]. Journal of Operations Management,2011,29(7-8):663-676.
[7] TANG X,RAI A. The moderating effects of supplier portfolio characteristics on the competitive performance impacts of supplier-facing process capabilities[J]. Journal of Operations Management,2012,30(1-2):85-98.
[8] 菅利荣,王大澳,王迪飞,等.社会网络视角的大型客机主制造商—核心供应商协同研制比较研究[J].南京航空航天大学学报(社会科学版),2019,21(1):72-83.
[9] 李娜,李随成.面向供应商网络的企业网络化行为:多维结构探索研究[J].科技进步与对策,2017,34(19):15-21.
[10] GAO G Y,XIE E,ZHOU K Z. How does technological diversity in supplier network drive buyer innovation? relational process and contingencies[J]. Journal of Operations Management,2015,36(1):165-177.
[11] SAMADDAR S,NARGUNDKAR S,DALEY M. Inter-organizational in formation sharing:the role of supply network configuration and partner goal congruence[J]. European Journal of Operational Research,2006,174(2):744-765.
[12] 程永波,陈洪转,庄雪松,等.供应商参与航空复杂装备协同研制的实施策略[J].系统工程理论与实践,2017,37(6):1568-1580.
[13] 程永波,宋露露,陈洪转,等.复杂产品多主体协同创新最优资源整合策略[J].系统工程理论与实践,2016,36(11):2867-2878.
[14] 张蜘彬,成耀荣,梁佳佳.基于集配中心供应商协同配送主从决策机制[J].系统管理学报,2017,26(3):577-582.
[15] LUO C,MALLICK D N,SCHROEDER R G. Collaborative product development:exploring the role of internal coordination capability in supplier involvement[J]. European Journal of Innovation Management,2010,13(2):244-266.
[16] CHANG T W,PAI C J,LO H W,et al. A hybrid decision-making model for sustainable supplier evaluation in electronics manufacturing[J]. Computers & Industrial Engineering,

2021：107283.

[17] YU J, HUI M W, JENG S, et al. Two-stage game-theoretic approach to supplier evaluation, selection and order assignment[J]. Scientia Iranica, 2020.

[18] LOPES A P, RODRIGUEZ-LOPEZ N. A decision support tool for supplier evaluation and selection[J]. Sustainability, 2021, 13.

[19] LI L, XU G, WANG H. Supplier evaluation in green supply chain: an adaptive weight D-S theory model based on fuzzy-rough-sets-AHP method[J]. Journal of Information Processing Systems, 2019, 15(3): 655-669.

[20] 李娟,王应明.基于中立性DEA交叉效率评价模型的逆向物流供应商评价与选择[J].物流工程与管理,2015,37(1):99-100.

[21] 陈诚.基于DPMPSO-BP神经网络对智能制造企业供应商效率评价研究[D].淮北：淮北师范大学,2020.

[22] 段吉莲.基于FAHP-TOPSIS的服务型企业供应商评价[J].重庆工商大学学报（自然科学版）,2020,37(5):7.

[23] 范露华.基于熵权TOPSIS模型的建筑物料供应商评价与管理研究[J].重庆理工大学学报（自然科学版）,2019,33(12):9.

[24] 赵永满,袁志峰,李景彬.基于心态区间数型S-VIKOR的多属性供应商评价方法[J].工业工程与管理,2021,26(5):7.

[25] KRAUSE D R. Supplier development: current practices and outcomes[J]. International Journal of Purchasing and Materials Management, 1997, 33(2): 12-19.

[26] HANDFIELD R B, NICHOLS E L. Introduction to supply chain management[M]. Englewood Cliffs: Prentice-Hall, 1999.

[27] ARABSHAHI H, FAZLOLLAHTABAR H, MABOUDI L. Efficiency evaluation of supply chain network using a framework based on DEA and seller-buyer structure[J]. Asia Pacific Journal of Operational Research, 2020, 37(6), 2050029.

[28] CHOI T Y, KIM Y. Structural embeddedness and supplier management: a network perspective[J]. Journal of Supply Chain Management, 2008, 44(4): 5-13.

[29] 谢恩,杨东,廖貅武.新成员的加入对供应商网络效率的影响分析[J].运筹与管理,2007,(3):1-6.

[30] 程聪,谢洪明,李金刚.供应商网络关系、网络结构与结点活性——美的空调的案例研究[J].管理案例研究与评论,2012,5(4):243-255.

[31] BO V, VERMA R, PLASCHKS G. Understanding trade-offs in the supplier selection process: The role of flexibility, delivery, and value-added services/support[J]. International Journal of Production Economics, 2009, 120(1): 30-41.

[32] PRAHINSKI C, BENTON W C. Supplier evaluations: communication strategies to improve supplier performance[J]. Journal of Operations Management, 2004, 22(1): 39-62.

[33] KARA M E, FIRAT S U. Supplier risk assessment based on best-worst method and K-means clustering: a case study[J]. Sustainability, 2018, 10(4): 1066.

[34] PITCHIPOO P, VENKUMAR P, RAJAKARUNAKARAN S. A distinct decision model for the evaluation and selection of a supplier for a chemical processing industry[J]. International Journal of Production Research, 2012, 50(14-16): 4635-4648.

[35] BROY M, KRUGER I H, PRETSCHNER A, et al. Engineering automotive software[J]. Proceedings of the IEEE, 2007, 95(2): 356-373.

[36] ADUAMOAH M. Riding the waves of technology: a study into how SMEs select computerized accounting software (CAS) supplier in developing countries[J]. Archives of Business Research, 2017, 5(10).

[37] FABBRINI F, FUSANI M, LAMI G, et al. A SPICE-based software supplier qualification mechanism in automotive industry[J]. Software Process: Improvement and Practice, 2007, 12(6): 523-528.

[38] KHAN S U, NIAZI M, AHMAD R. Barriers in the selection of offshore software development outsourcing vendors: An exploratory study using a systematic literature review[J]. Information and Software Technology, 2011, 53(7): 693-706.

[39] LEHMANN S, BUXMANN P. Pricing strategies of software vendors[J]. Business & Information Systems Engineering, 2009, 1(6): 452-462.

[40] AJAMI S, RAJABZADEH A, KETABI S. A review on influencing criteria for selecting supplier of information technology services in the hospital[J]. International Journal of Health Promotion and Education, 2014, 3(3): 108.

[41] 黄亚江, 刘英音, 刘尔列, 等. 基于FAHP的BIM软件供应商选择评价研究[J]. 数学的实践与认识, 2018, 48(24): 51-58.

[42] 赵慧. 基于VDA6.3评价结构的嵌入式软件供应商评价方法[J]. 汽车电器, 2019(7): 56-59.

[43] HAILU K B, TANAKA M. A "true" random effects stochastic frontier analysis for technical efficiency and heterogeneity: Evidence from manufacturing firms in Ethiopia[J]. Economic Modelling, 2015, 50: 179-192.

[44] GUPTA Y P, GOYAL S. Flexibility trade-offs in a random flexible manufacturing system: A simulation study[J]. The International Journal of Production Research, 1992, 30(3): 527-557.

[45] MOKHTARI H, HASANI A, DEHNAVI-ARANI S. Single and multi-stage manufacturing systems under imperfect quality items with random defective rate, rework and scrap[J]. Scientia Iranica, 2021.

[46] 许民利, 王竟竟, 简惠云. 专利保护与产出不确定下闭环供应链定价与协调[J]. 管理工程学报, 2021, 35(3): 119-129.

[47] 陈崇萍, 陈志祥. 供应商产出随机与供应中断下的双源采购决策[J]. 中国管理科学, 2019, 27(6): 113-122.

[48] 冯颖, 王远芳, 张炎治, 等. 随机产出下商务模式对生鲜农产品供应链运作的影响[J]. 系统工程理论与实践, 2020, 40(10): 2631-2647.

[49] 张未未. 基于随机产出与二次订购的损失厌恶零售商订购策略[J]. 工业工程与管理, 2021, 26(5): 38-45.

[50] MOORE D A, CAIN D M. The trouble with overconfidence[J]. Psychological Review, 2008, 115(2): 502-517.

[51] LU Z, DONG L. Analysis of digital innovation effect of manufacturing industry based on scenario theory[C]. International Conference on Information Management (ICIM). IEEE, 2020: 147-151.

[52] DU X, ZHAN H, ZHU X, et al. The upstream innovation with an overconfident manufacturer in a supply chain[J]. Omega, 2021, 105: 102497.

[53] XIAO Q, CHEN L, XIE M, et al. Optimal contract design in sustainable supply chain: interactive impacts of fairness concern and overconfidence[J]. Journal of the Operational Research Society, 2021, 72(7): 1505-1524.

[54] 万晓乐,王欢欢,杜元伟,等.考虑过度自信的交叉持股供应链决策研究[J].中国管理科学,2022,30(2):191-203.

[55] 王经略,周国华.过度自信对复杂产品风险管理的双重影响[J].工业工程与管理,2020(3):50-58.

[56] 周辉,柳键,万谧宇,等.基于制造商过度自信的绿色产品运营决策研究[J].工业工程与管理,2020,25(6):135-143.

[57] 王新林,胡盛强,刘晓斌.考虑供需随机及过度自信的期权契约协调[J].计算机集成制造系统,2018,24(11):2898-2908.

[58] 林志炳,张俊超.基于制造商过度自信和零售商企业社会责任的退货策略研究[J/OL].中国管理科学:1-13[2022-04-06].

[59] DI C L, DOSI C, MORETTO M. Multidimensional auctions for long-term procurement contracts with early-exit options: the case of conservation contracts[J]. European Journal of Operational Research, 2018, 267(1): 368-380.

[60] DONG J, SUN S, GAO G, et al. Pricing and strategy selection in a closed-loop supply chain under demand and return rate uncertainty[J]. 4OR, 2020, 1-30.

[61] PHOURATSAMAY S L, KEDAD-SIDHOUM S, PASCUAL F. Coordination of a two-level supply chain with contracts[J]. 4OR, 2021, 19: 235-264.

[62] ZHAO Y, CHOI T-M, CHENG T C E, et al. Buyback contracts with price-dependent demands: effects of demand uncertainty[J]. european Journal of Operational Research, 2014, 239(3): 663-673.

[63] YANG H, LUO J, ZHANG Q. Supplier encroachment under nonlinear pricing with imperfect substitutes: bargaining power versus revenue-sharing[J]. European Journal of Operational Research, 2018, 267(3): 1089-1101.

[64] CAI J, HU X, TADIKAMALLA P R, et al. Flexible contract design for VMI supply chain with service-sensitive demand: revenue-sharing and supplier subsidy[J]. European Journal of Operational Research, 2017, 261(1): 143-153.

[65] GOVINDAN K, POPIUC M N. Reverse supply chain coordination by revenue sharing contract: a case for the personal computers industry[J]. European Journal of Operational Research, 2014, 233(2): 326-336.

[66] BECKER-PETH M, THONEMANN U W. Reference points in revenue sharing contracts—how to design optimal supply chain contracts[J]. European Journal of Operational Research, 2016, 249(3): 1033-1049.

[67] SUBIZA B, SILVA-REUS J, PERIS J E. Cost sharing solutions defined by non-negative eigenvectors[J]. European Journal of Operational Research, 2015, 244(2): 592-600.

[68] PADILLA T S V, CREEMERS S, BOUTE R N. Collaborative shipping under different cost-sharing agreements[J]. European Journal of Operational Research, 2017, 263(3): 827-837.

[69] NIE T,DU S. Dual-fairness supply chain with quantity discount contracts[J]. European Journal of Operational Research,2017,258(2):491-500.

[70] ZHANG J,LEI L,LU F,et al. The effect of the alliance between manufacturer and weak retailer on supply chain performance[J]. IMA Journal of Management Mathematics,2017, 29(4):457-487.

[71] MAURIZIO S,ELROLERTS. Strategic management of supplier-manufacturer relations in new product development[J]. Research Policy,2002,31(9):159-182.

[72] 石丹,李勇建.不同激励机制下供应商产能投资问题研究[J].系统工程理论与实践,2015, 35(1):86-94.

[73] 姜璐,程相惠,李沿海.基于收益共享契约的网络零售联合促销策略研究[J].管理工程学报,2020,34(3):122-133.

[74] 王永明,余小华,尹红丽.基于风险规避和公平偏好的供应链收益共享契约协调研究[J].中国管理科学,2021,29(7):148-159.

[75] 赵焕焕,刘勇.基于最优成本共担的主制造商-供应商合作激励模型[J].系统管理学报, 2019,28(5):955-963.

[76] 谢家平,梁玲,杨光,等.互补型闭环供应链的收入共享与成本共担契约协调优化[J].中国管理科学,2018,26(8):94-105.

[77] 周辉,柳键,江玮璠,等.产品绿色创新决策与绿色渠道激励机制设计[J].系统科学学报, 2020,28(1):61-66,97.

[78] 杨惠霄,欧锦文.收益共享与谈判权力对供应链碳减排决策的影响[J].系统工程理论与实践,2020,40(9):2379-2390.

[79] 范建昌,付红,李余辉,等.渠道权力结构与责任成本分担下供应链质量及协调研究[J]. 系统工程理论与实践,2020,40(7):1767-1779.

[80] 俞海宏,刘南.数量柔性契约下引入激励的服务供应链协调性研究[J].浙江大学学报(理学版),2012,39(3):352-360,366.

[81] 嵇雅楠.突发事件风险下基于多契约情景的生鲜农产品双渠道供应链应急协调机制研究[J].物流工程与管理,2021,43(8):65-68,71.

[82] 孙新波,秦子佳,张大鹏.智能制造企业中内部式众包平台的协同激励机制构建的双案例研究[J].上海管理科学,2020,42(5):81-86.

[83] 王银雪,张庆君.股权激励、长期信贷与企业研发投资——以智能制造业上市公司为[J]. 金融理论与实践,2019(10):17-26.

[84] YAYU Q. Analysis of and reflections over the development of new energy automobile and intelligent manufacturing[J]. Journal of Physics:Conference Series,2020,1486(3):032005 (5pp).

[85] LUTHJE B. Platform capitalism" made in China"? intelligent manufacturing,taobao villages and the restructuring of work[J]. Science,Technology & Society,2019,24(2): 199-217.

[86] 王兴棠.绿色研发补贴、成本分担契约与收益共享契约研究[J/OL].中国管理科学:1-12 [2022-04-21]. DOI:10.16381/j.cnki.issn1003-207x.2019.1869.

[87] GHOSH D,SHAH J. Supply chain analysis under green sensitive consumer demand and cost sharing contract[J]. International Journal of Production Economics,2015,164, 319-329.

[88] 李友东,谢鑫鹏,营刚.两种分成契约下供应链企业合作减排决策机制研究[J].中国管理科学,2016,24(3):61-70.

[89] 刘云志,樊治平.考虑损失规避与产品质量水平的供应链协调契约模型[J].中国管理科学,2017,25(1):65-77.

[90] 徐春秋,赵道致,原白云,等.上下游联合减排与低碳宣传的微分博弈模型[J].管理科学学报,2016,19(2):53-65.

[91] 冉文学,杨礼凡,王艳,等.区块链背景下供应链主体利润分配研究[J].物流技术,2019,38(9):107-112,155.

[92] SHAPLEY L S. A value for N-person games[J]. Annals of Mathematics Studies,1953,28:307-318.

[93] 石书玲.知识联盟的形成与运行机理研究[M].天津:南开大学出版社,2015.

[94] EISSA R, EID M S, ELBELTAGI E. Conceptual profit allocation framework for construction joint ventures: shapley value approach[J]. Journal of Management in Engineering,2021,37(3):402-1016.

[95] 张瑜,营利荣,刘思峰,等.基于优化 Shapley 值的产学研网络型合作利益协调机制研究——以产业技术创新战略联盟为例[J].中国管理科学,2016,24(9):36-44.

[96] HAN L,MORSTYN T,MCCULLOCH M. Estimation of the shapley value of a peer-to-peer energy sharing game using multi-step coalitional stratified sampling[J]. International Journal of Control,Automation and Systems,2021,1-10.

[97] 李婷,周进生.基于云重心 Shapley 值法的矿产资源开发收益分配研究[J].中国矿业,2020,29(12):55-60,82.

[98] 陈伟,杨早立.基于正交投影-Shapley 值法的分布式创新合作企业风险补偿及利益分配[J].系统工程,2015,33(8):65-69.

[99] SCHUH C,STROHMER M F,EASTON S,et al. The role of IT in TrueSRM[M]. Supplier relationship management. 2014.

[100] 李娟,王应明.基于中立性 DEA 交叉效率评价模型的逆向物流供应商评价与选择[J].物流工程与管理,2015,37(1):99-100.

[101] 李志红,和金生.基于 Malmquist 指数的人力资源管理外包供应商效率评价模型研究[J].北京理工大学学报(社会科学版),2011,13(2):64-69.

[102] 陈诚.基于 DPMPSO-BP 神经网络对智能制造企业供应商效率评价研究[D].淮北:淮北师范大学,2020.

[103] NGUYEN W P V,NOF S Y. Collaborative response to disruption propagation (CRDP) in cyber-physical systems and complex networks[J]. Decision Support Systems,2019,117:1-13.

[104] COSTA L F, JR O N O, TRAVIESO G, et al. Analyzing and modeling real-world phenomena with complex networks: a survey of applications[J]. Advances in Physics,2011,60(3):329-412.

[105] LI L,MA Q T,HE J M,et al. Co-loan network of chinese banking system based on listed companies' loan data[J]. Discrete Dynamics in Nature and Society,2018:1-7.

[106] SAHNEH F D,SCOGLIO C. Epidemic spread in human networks[C]. 2011 50th IEEE Conference on Decision and Control and European Control Conference,Orlando,FL,USA,12-15 December 2011,3008-3013.

[107] 刘露.汽车零部件供应网络的演化机制研究[D].成都:西南交通大学,2014.

[108] ANSOFF H I.战略管理[M].邵冲,译.北京:机械工业出版社,2022.

[109] HAKEN H. Synergetics:an introduction:nonequilibrium phase transitions and self-organization in physics,chemistry and biology[M]. Berlin:Springer-Verlag,1977.

[110] HAKEN H. Advanced synergetics:instability hierarchies of self-organizing systems and devices[M]. Berlin:Springer-Verlag,1983.

[111] 高剑平.从"实体"的科学到"关系"的科学——走向系统科学思想史研究[J].科学学研究,2008,(1):25-33.

[112] 冯端,冯少彤.溯源探幽:熵的世界[M].北京:科学出版社,2016.

[113] 蒋定福,熊励,岳焱.基于协同熵的评价模型[J].计算机集成制造系统,2012,18(11):2522-2529.

[114] 宋华岭,王今,翟从敏.广义与狭义管理熵理论[J].河北工业大学学报,1999,28(3):11-15.

[115] 宋华岭,温国锋,李金克,等.基于信息度量的企业组织系统协同性评价[J].管理科学学报,2009,12(3):22-36.

[116] SHANNON C E. A Mathematical theory of communication[J]. Bell System Technical Journal,1948,27(3):379-423.

[117] MAVI R K,GOH M,MAVI N K. Supplier selection with shannon entropy and fuzzy TOPSIS in the context of supply chain risk management[J]. Procedia-Social and Behavioral Sciences. 2016,235:216-225.

[118] MAVI N K,MAVI R K. Talent pool membership in sport organizations with fuzzy analytic hierarchy process[J]. International Journal of Logistics Systems and Management,2014,17(1):1-21.

[119] HILARY G,MENZLY L. Does past success lead analysts to become overconfident?[J]. Management Science,2006,52(4):489-500.

[120] WEINSTEIN N D. Unrealistic optimism about future life events[J]. Journal of Personality and Social Psychology,1980,(37):806-820.

[121] FISCHHOFF B,SLOVIC P,LICHTENSTEIN S. Knowing with certainty: the appropriateness of extreme confidence[J]. Journal of Experimental Psychology:Human Perception and Performance,1977,(3):552-564.

[122] PLOUS. The psychology of judgment and decision making[M]. New York:Mcgraw-Hill,1993.

[123] JIANG W,J LIU. Inventory financing with overconfident supplier based on supply chain contract[J]. Mathematical Problems in Engineering,2018(2018):1-12.

[124] 张永政,耿秀丽,孙绍荣.考虑不完全语义信息的供应商选择方法[J].工业工程与管理,2015,20(6):145-151.

[125] 张永政,叶春明,耿秀丽,等.基于犹豫模糊广义Choquet积分的供应商选择方法[J].工业工程与管理,2019,24(4):47-54.

[126] SIMAAN M,CRUZ J B. On the Stackelberg strategy in nonzero-sum games[J]. Journal of Optimization Theory and Applications,1973,11(5):533-555.

[127] LEITMANN G. On generalized Stackelberg strategies[J]. Journal of optimization theory and applications,1978,26(4):637-643.

[128] GUZMAN C, RIFFO J, TELHA C, et al. A sequential Stackelberg game for dynamic inspection problems[J]. Lidam Discussion Papers Core, 2021.

[129] 李国辉. 考虑库存信息不对称和公平关切的多期供应链网络均衡研究[D]. 青岛: 青岛大学, 2020.

[130] 邱敏. 企业物资采购招投标管理研究[J]. 中国市场, 2019(2): 168-169.

[131] 王肇伟. 石化设备供应商选择方法的研究[J]. 商品与质量, 2012(S7): 59-60.

[132] CHIN W W, BROWN P. Structural equation modeling in marketing: some practical reminders[J]. Journal of Marketing Theory and Practice, 2008, 16(4): 287-298.

[133] CHIN W W. Issues and opinion on structural equation modelling[J]. Management Information Systems quarterly, 1998, 22(1): 1-8.

[134] CHIN W W. The partial least squares approach to structural equation modeling[J]. Modern methods for business research, 1998, 295(2): 295-336.

[135] HAIR, RISHER J J, SARSTEDT M, et al. When to use and how to report the results of PLS-SEM[J]. EuropeanBusiness Review, 2019, 31(1): 2-24.

[136] WETZELS M, ODEKERKEN-SCHRODER G, VAN O C. Using PLS path modeling for assessing hierarchial construct models: guidelines and impirical illustration[J]. MIS Quarterly, 2009, 33(1): 177-195.

[137] HENSELER J, RINGLE C M, SINKOVICS R R. The use of partial least squares path modeling in international marketing[M]. New challenges to international marketing. Emerald Group Publishing Limited, 2009.

[138] 熊国经, 熊玲玲, 陈小山. 基于PLS结构方程模型进行学术期刊评价的实证研究[J]. 情报理论与实践, 2017, 40(8): 5.

[139] HAIR J F, MARKO S, CHRISTIAN M R, et al. An assessment of the use of partial least squares structural equation modeling in marketing research[J]. Journal of the Academy of Marketing Science, 2012, 40(3): 414-433.

[140] 程慧平, 万莉, 张熠. 基于偏最小二乘结构方程的我国区域公共图书馆发展水平研究[J]. 图书情报工作, 2015, 59(12): 19-23.

[141] 李德显, 魏新岗. 研究生教育综合发展水平测评及省域差异研究——基于PLS结构方程模型的分析[J]. 辽宁师范大学学报(社会科学版), 2018, (3): 83-91.

[142] HAIR J F, HOWARD M C, NITZL C. Assessing measurement model quality in PLS-SEM using confirmatory composite analysis[J]. Journal of Business Research, 2020, 109: 101-110.

[143] HAIR J F, HULT G T M, RINGLE C M, et al. A primer on partial least squares structural equation modeling (PLS-SEM)[M]. Sage publications, 2021.

[144] SHAPLEY L S. A value for N-person games[J]. Annals of Mathematics Studies, 1953, 28: 307-318.

[145] 石书玲. 知识联盟的形成与运行机理研究[M]. 天津: 南开大学出版社, 2015.

[146] MAATEN L V D, HINTON G. Visualizing data using t-SNE[J]. Journal of Machine Learning Research, 2008, 9(11): 2579-2605.

[147] HINTON G, ROWEIS S. Stochastic neighbor embedding[J]. Advances in Neural Information Processing Systems, 2002, 41(4): 833-840.

[148] ARORA S, HU W, KOTHARI P K. An analysis of the t-sne algorithm for data

visualization[C]. Conference On Learning Theory. PMLR,2018:1455-1462.

[149] ULLAH M I,ASLAM M,ALTAF S,et al. Some new diagnostics of multicollinearity in linear regression model[J]. Sains Malaysiana,2019,48(9):2051-2060.

[150] KIM J M,WANG N,LIU Y. Multi-stage change point detection with copula conditional distribution with PCA and functional PCA[J]. Mathematics,2020,8(10):1777.

[151] ABU B M F,ABDUL K F,PERISAMY E. Comparison of phytochemicals and antioxidant properties of different fruit parts of selected Artocarpus species from Sabah, Malaysia[J]. Sains Malaysiana,2015,44(3):355-363.

[152] 米传民,徐润捷,陶静.互联网金融空间聚集分析及系统性风险防范——基于 t-SNE 机器学习模型[J].财经论丛,2019,(8):53-62.

[153] ALTHUWAYNEE O F,AYDDA A,HWANG I T,et al. Uncertainty reduction of unlabeled features in landslide inventory using machine learning t-SNE clustering and data mining apriori association rule algorithms[J]. Applied Sciences,2021,11(2):556.

[154] KOBAK D,LINDERMAN G C. Initialization is critical for preserving global data structure in both t-SNE and UMAP[J]. Nature biotechnology,2021,39(2):156-157.

[155] CANZAR S. A generalization of t-SNE and UMAP to single-cell multimodal omics[J]. Genome Biology,2021,22(1):1-9.

[156] 张明昊,闻波,石梅,等.智能制造背景下复杂供应商网络协同评价研究[J].青岛大学学报(自然科学版),2021,34(2):136-142.

[157] ZHANG M,SHI L,ZHUO X,et al. Research on collaborative efficiency evaluation of complex supplier network under the background of intelligent manufacturing[J]. Processes,2021,9(12):2158.

[158] 刘纯霞,舒彤,汪寿阳,等.基于小世界网络的供应链中断风险传导路径研究[J].系统工程理论与实践,2015,35(3):608-615.

[159] EOM Y H,JO H H. Tail-Scope:using friends to estimate heavy tails of degree distributions in large-scale complex networks[J]. Scientific Reports,2015,5(1):1-9.

[160] SURANA A,KUMARA S,GREAVES M,et al. Supply-chain networks:a complex adaptive systems perspective[J]. International Journal of Production Research,2005, 43(20):4235-4265.

[161] HANAKI N,NAKAJIMA R,OGURA Y. The dynamics of R&D network in the IT industry[J]. Research Policy,2010,39(3):386-399.

[162] ZHU B,WANG W. The evolution of the strategies of innovation cooperation in scale-free network[J]. Discrete Dynamics in Nature and Society,2014,2014:1-10.

[163] OLESEN J M,BASCOMPTE J,DUPONT Y L,et al. The modularity of pollination networks[J]. Proceedings of the National Academy of Sciences of the United States of America,2007,104(50):19891-19896.

[164] SHI S,NUCCIO E E,SHI Z J,et al. The interconnected rhizosphere:high network complexity dominates rhizosphere assemblages[J]. Ecology Letters,2016,19(8): 926-936.

[165] GUIMERÀ R,AMARAL L A N. Functional cartography of complex metabolic networks [J]. Nature,2005,433(7028):895-900.

[166] DENG Y,JIANG Y H,YANG Y,et al. Molecular ecological network analyses[J]. Bmc

Bioinformatics,2012,13(1):113.

[167] SEOK H,NOF S Y. Intelligent information sharing among manufacturers in supply networks:supplier selection case[J]. Journal of Intelligent Manufacturing,2015,29(5):1097-1113.

[168] 任佩瑜,张莉,宋勇.基于复杂性科学的管理熵、管理耗散结构理论及其在企业组织与决策中的作用[J].管理世界,2001,(6):142-147.

[169] 张铁男,程宝元,张亚娟.基于耗散结构的企业管理熵Brusselator模型研究[J].管理工程学报,2010,24(3):103-108.

[170] 白礼彪,白思俊,Victor Shi.基于熵的项目组合配置协同度研究[J].科技管理研究,2017,37(7):164-171.

[171] 曾明华,王吟松,杨晓光.供应商协同能力评价指标体系研究[J].计算机工程与应用,2014,50(4):18-23.

[172] 秦娟,陈振颂,李延来.基于改进犹豫模糊熵的群体MULTMOORA决策方法[J].系统科学与数学,2016,36(12):2375-2392.

[173] 刘秀芬.浅议供货厂商的选择与管理[J].一重技术,2002(Z1):222-223.

[174] 王皓.供应商选择方法综述[J].物流科技,2012,35(11):87-89.

[175] DEGRAEVE Z,LABRO E,ROODHOOFT F . An evaluation of vendor selection models from a total cost of ownership perspective[J]. European Journal of Operational Research,2000,125(1):34-58.

[176] 周建忠.基于ABC成本法和AHP的供应链合作伙伴评价与选择[J].煤炭经济研究(4):68-71.

[177] 程雅,戚珩,阚树林,等.基于遗传算法的供应商组合选择[J].机械设计与制造,2013(2):59-61,65.

[178] SAATY,T L. The analytic hierarchy process:planning,priority setting[M]. New York:McGraw-Hill,1980.

[179] 周松涛,廖吉林.基于AHP法的制药企业绿色供应商评价及选择研究[J].物流科技,2019,42(10):28-31.

[180] 尹佳佳.基于AHP-灰色关联分析的工业供应商选择研究[J].产业与科技论坛,2019,18(19):50-52.

[181] 董升旭.基于BP神经网络的电信运营企业供应商选择研究[J].市场周刊,2019(6):25-27.

[182] 刘增明,陈运非,蒋海青.基于PCA-BP神经网络方法的供应商选择[J].工业工程与管理,2014,19(01):53-57,64.

[183] 工信部.智能制造系统解决方案供应商规范条件[EB/OL]. https://www.miit.gov.cn/jgsj/zbes/gzdt/art/2020/art_77c356960dda48c59827b47bdb884209.html,2018-07-19/2022-03-01.

[184] 田庆军.供应链企业绩效评价及激励机制研究[D].沈阳:沈阳工业大学,2002.

[185] 李朝霞.企业进化机制[M].北京:书目文献出版社,2001:1-5.

[186] 张国方,王然.基于WBS-RBS的汽车零部件供应商风险评价模型[J].武汉理工大学学报(信息与管理工程版),2015,37(6):5.

[187] 肖美丹,任曼琳,徐丽娜.双边创新信息不对称下的供应链协调激励机制[J].计算机集成制造系统,2020,26(11):3177-3184.

[188] 赵霞,吴方卫.随机产出与需求下农产品供应链协调的收益共享合同研究[J].中国管理科学,2009,17(5):88-95.

[189] 丁雪红,石莉,李敏,等.基于BP神经网络的智能制造能力成熟度评价研究[J].青岛大学学报(自然科学版),2019,32(3):20-25,30.

[190] 丁雪红.基于FASSA-BP算法的智能制造能力成熟度评价研究[D].淮北:淮北师范大学,2021.

[191] 智能制造能力成熟度模型白皮书[R].北京:中国电子技术标准化研究院,2016.

[192] 玛丽·福列特.福列特论管理[M].吴晓波,郭京京,詹也,译.北京:机械工业出版社,2007.

[193] KALAI E,SAMET D. On weighted shapley values[J]. International Journal of Game Theory,1987,16(3):205-222.

图 3-1 网络节点属性分类图

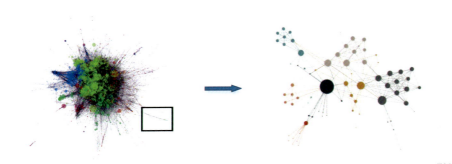

图 3-2 复杂供应商网络拆分示意图

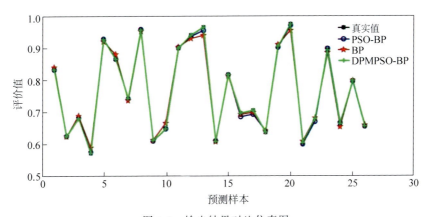

图 4-9 输出结果对比仿真图

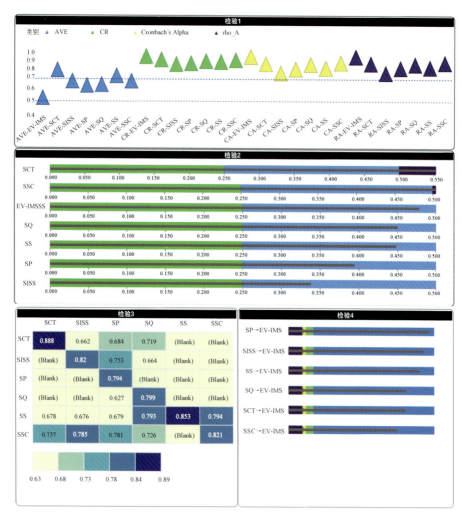

图 5-5 指标检验结果的可视化

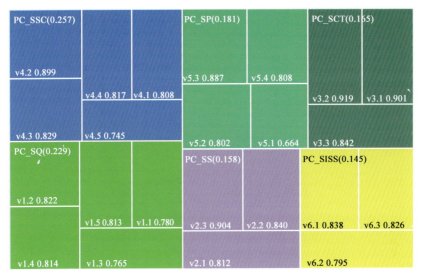

图 5-6 指标路径系数树状图

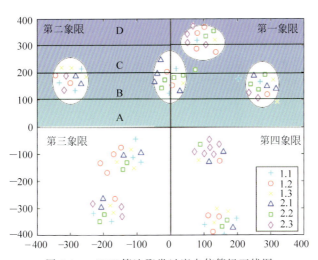

图 7-3 t-SNE 算法聚类过度自信等级五线图

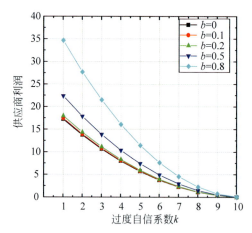

图 7-8　过度自信下不同激励的供应商利润

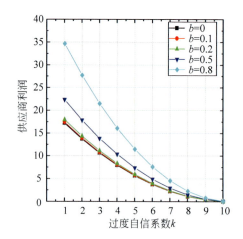

图 7-9　过度自信下不同激励的制造商利润

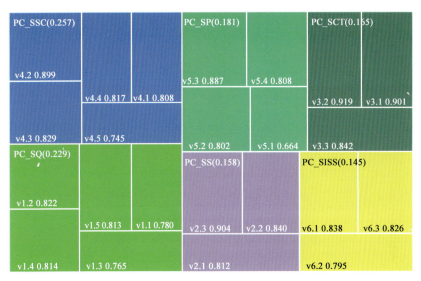

图 5-6 指标路径系数树状图

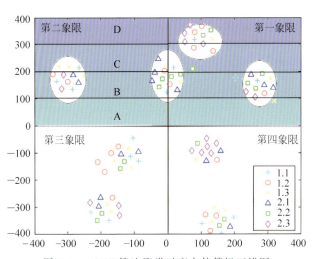

图 7-3 t-SNE 算法聚类过度自信等级五线图

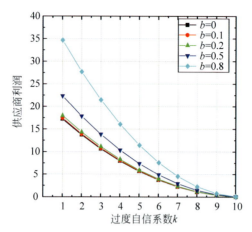

图 7-8 过度自信下不同激励的供应商利润

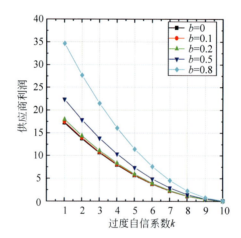

图 7-9 过度自信下不同激励的制造商利润